Lassy Mbouity

Histoire de la République de Côte d'Ivoire

2

Lassy Mbouity, né le 15 octobre 1988 à Brazzaville, est un écrivain et homme politique congolais. Il est actuellement un organisateur de communauté en Afrique, en Europe et aux États-Unis.

Du même auteur

Histoire de la République du Congo

Histoire de la République démocratique du Congo

Histoire de la République centrafricaine

Histoire de la République gabonaise

Histoire de la République de Guinée

Autonomisation politique de la jeunesse africaine

La lutte contre la corruption et les conflits d'intérêts

Révolution de l'éducation africaine

L'Afrique après l'Asie

4

Table des Matières

Introduction

L'Empire Ashanti

Fondation du Royaume

L'esclavage dans le Royaume Ashanti

Gouvernement et politique

Économie

Démographie

Culture et société

Le royaume Abron de Gyaman

Origines

Gyaman sous la domination de l'Empire Ashanti

Pendant la Colonisation

Royaume du Sanwi

Origines du Royaume du Sanwi

Les Cantons du Sanwi et leurs rôles

Organisation du pouvoir traditionnel dans le Sanwi

Organisation Administrative

Organisation politique du Royaume Sanwi

La fête des ignames

Royaume Baoulé

Abla Pokou

Le sacrifice

L'Empire Kong

Les origines

L'Empire Kong de Sékou Oumar Ouattara

Déclin et chute

Le commerce avec l'Europe et les Amériques

Mise en place de la domination française

Époque coloniale française

Afrique occidentale française (AOF)

Histoire

Les modifications territoriales

Structure fédérale

L'administration coloniale

Gouverneurs Généraux

Grand Conseil de l'Afrique Occidentale Française

L'administration locale

Cercles

Les Chefs (de Canton et du village)

Géographie

Territoires

L'Indépendance

La Côte d'Ivoire après l'Indépendance

Le miracle ivoirien

Les Conférences nationales en Afrique francophone

La mort d'Houphouët-Boigny

Le Coup d'état militaire de 1999

La Guerre civile ivoirienne

Nature du conflit

Les tensions culturelles et politiques

Éléments catalyseurs du conflit

Début de la guerre civile

Les accords de Marcoussis (2003-2004)

Les pourparlers d'Accra au Ghana

La reprise des combats

Les affrontements entre les français et les ivoiriens en 2004

Opération Licorne

Destruction de la force aérienne ivoirienne par la France

Conséquences

Fin du conflit

L'embargo sur les armes

Les accords de Pretoria

Les accords Ouagadougou, au Burkina Faso

L'Opération des Nations Unies en Côte d'Ivoire (ONUCI)

L'élection présidentielle de 2010

La crise post-électorale

Double revendications de la victoire

Manifestations pro-Gbagbo et pro-Ouattara

Les Nations Unies

Médiation du président sud-africain Thabo Mbeki

Reconnaissance internationale de Ouattara

Les menaces, la violence et les violations des droits

Violences entre les milices de Gbagbo et les partisans de Ouattara

Charnier des partisans pro-Gbagbo

Les affrontements de Duékoué

Manifestations pacifiques

Les conflits violents et l'offensive militaire

Statut de Gbagbo et Ouattara

Economie et marchés financiers

L'UEMOA reconnaît Ouattara comme le vainqueur

La Bataille d'Abidjan

L'arrestation de Gbagbo

Après l'arrestation de Gbagbo

Commission des Droits de l'homme

Prorogation de la violence

Levé des dernières sanctions

Le massacre de Duekoué

La réaction internationale

Les Réfugiés

Les Mercenaires

Impact sur les ressortissants étrangers

Élection présidentielle ivoirienne de 2015

Modalités

Éligibilité

Régularité de l'élection

Déchirures internes au FPI et PDCI

Forte croissance économique

Tensions politiques et institutionnelles imprévisibles

Les Candidatures retenues

Les Candidatures exclues

Résultats

Référendum constitutionnel ivoirien de 2016

Étymologie et toponymie de la Côte d'Ivoire

Les langues en Côte d'Ivoire

Évolution linguistique

Alphabétisation

Géographie de la Côte d'Ivoire

Géologie

Climat

Faune et flore

Protection de l'environnement

Démographie

Augmentation rapide de la population urbaine

Natalité

Niveaux et tendances de la fécondité

Forte présence de la population étrangère

Composition ethnique et linguistique

Institutions et vie politique

Pouvoir exécutif

Pouvoir législatif

Pouvoir judiciaire

Organes consultatifs et de médiation

Partis politiques

Organisation territoriale

Administration territoriale déconcentrée

Administration territoriale décentralisée

Commune

Économie de la Côte d'Ivoire

Économie précoloniale

Mutations économiques du 19e siècle

Développements récents

Programmes d'ajustement structurel

Dévaluation du franc CFA

Impact de la crise politico-militaire

Ressources naturelles

Infrastructures

Transport terrestre

Transport aérien

Télécommunications

Structure économique

Secteur primaire

Secteur secondaire

Secteur tertiaire

Rôle de l'État

Investissement étranger

Influences étrangères

Population active

Emploi et chômage

Pauvreté et inégalité

Éducation en Côte d'Ivoire

Éducation dans la société traditionnelle

Apparition et évolution des écoles islamiques

Les premières écoles catholiques

L'émergence des écoles laïques

Le système éducatif ivoirien

Politique de l'éducation

Santé

Impact de la crise

Conflits fonciers, habitat et environnement

Religion

Culture ivoirienne

Sports, médias, loisirs et arts du spectacle

Musique ivoirienne

Les danses

Cuisine ivoirienne

Cinéma ivoirien

Relations diplomatiques

15

16

Introduction

La Côte d'Ivoire (officiellement République de Côte d'Ivoire) est un pays situé en Afrique de l'Ouest. La capitale politique de la Côte d'Ivoire est Yamoussoukro et sa capitale économique et plus grande ville est Abidjan.

Les pays limitrophes de la Côte d'Ivoire sont la Guinée et le Libéria à l'ouest, le Burkina Faso et le Mali au nord et le Ghana à l'est.

Le Golfe de Guinée (Océan Atlantique) est situé au sud de la Côte d'Ivoire.

Avant sa colonisation par les Européens, la Côte d'Ivoire était le territoire de plusieurs royaumes, dont l'Empire Kong et Baoulé.

Les royaumes ont tenté de conserver leurs identités distinctes pendant la période coloniale française et après l'indépendance.

La Côte d'Ivoire est devenue un protectorat de la France en 1843 avant de devenir une colonie en 1893.

La Côte d'Ivoire a obtenu son indépendance en 1960 avec comme premier Président Félix Houphouët-Boigny, qui a gouverné le pays jusqu'en 1993.

Le pays a maintenu des bonnes relations politiques et économiques avec ses voisins ouest-africains, tout en maintenant en même temps des liens étroits avec l'Occident, en particulier avec la France.

Depuis la fin du règne de Félix Houphouët-Boigny en 1993, la Côte d'Ivoire a connu un coup d'État militaire en 1999 et une longue guerre civile.

La première a eu lieu entre 2002 et 2007 et la deuxième de 2010 à 2011.

Grâce à la production de café et de cacao, le pays a été une grande puissance économique de l'Afrique de l'Ouest au cours des années 1960 et 1970.

La Côte d'Ivoire a traversé une crise économique (dans les années 1980) qui a contribué à une période de troubles sociaux politiques.

Les changements dans l'économie ivoirienne du 21e siècle est en grande partie fondée sur les marchés qui reposent encore sur l'agriculture.

La langue officielle est le français et les langues nationales utilisées sont le Baoulé, le Dioula, le Bété et le Sénoufo.

Au total, il y a environ 78 langues parlées en Côte d'Ivoire.

Les principales religions sont l'Islam, le Christianisme et diverses religions traditionnelles.

A l'origine, les marchands explorateurs portugais et français du 15e et 16e siècles ont divisé la côte ouest de l'Afrique en cinq régions reflétant les économies locales.

La côte que les français ont nommé Côte d'Ivoire était connu sous le nom de Costa do Marfim ; un nom donné par les commerçants navigateurs portugais en route vers l'Inde.

Son nom reflète aussi le commerce sur l'exportation importante de l'ivoire qui a eu lieu dans cette région.

C'est en avril 1986 que le gouvernement a officiellement adopté le nom de Côte d'Ivoire ou plus pleinement République de Côte d'Ivoire.

La traduction anglaise "Ivory Coast" est encore fréquemment utilisé par différents points de vente et les publications médias.

La première présence humaine en Côte d'Ivoire a été difficile à déterminer en raison des restes humains qui ne sont pas bien conservés dans le climat humide du pays.

Cependant, la présence des fragments d'anciens outils a été interprétée comme l'indication possible d'une grande présence humaine pendant la période du Paléolithique supérieur (15.000 à 10.000 Avant J-C).

Les premiers habitants connus de la Côte d'Ivoire ont laissé des traces dispersées sur tout le territoire.

Les historiens pensent qu'ils ont tous été soit déplacés ou absorbés par les ancêtres des habitants actuels autochtones, qui ont migré vers le sud de la région avant le 16e siècle.

Ces groupes comprenaient le Ehotilé (Aboisso), Kotrowou (Fresque), Zéhiri (Grand-Lahou), Ega et DIES (Divo).

La première histoire enregistrée se trouve dans les chroniques des commerçants berbères d'Afrique du Nord qui ont organisé le commerce de sel, d'esclaves, d'or et des autres marchandises à travers le Sahara.

Les bornes des routes commerciales transsahariennes étaient situées sur le bord du désert, et de là, le commerce supplémentaire s'étendait vers le sud jusqu'à la lisière de la forêt tropicale.

Les plus importants terminaux de Djenné, Gao et Tombouctou ont grandi comme les grands centres commerciaux autour duquel les grands empires soudaniques ont été développés.

En contrôlant les routes commerciales avec leurs puissantes forces militaires, ces empires ont été en mesure de dominer les États voisins. Les empires soudaniques sont également devenus des centres d'éducation islamique.

L'islam a été introduite dans le Soudan occidental (Mali d'aujourd'hui) par les commerçants musulmans berbères d'Afrique du Nord; elle se répandit rapidement après la conversion de nombreux dirigeants importants.

Dès le 11e siècle, l'islam se répandit au sud, dans les régions du nord de la Côte d'Ivoire contemporaine.

L'empire du Ghana, la première des empires soudaniques, a prospéré jusqu'au 13e siècle. Au sommet de sa puissance dans le 11e siècle, ses royaumes s'étendaient de l'océan Atlantique à Tombouctou.

Après le déclin du Ghana, l'empire du Mali a grandi comme un État musulman puissant, qui a atteint son apogée dans la première partie du 14e siècle. Le territoire de l'Empire du Mali en Côte d'Ivoire a été limitée au nord-ouest autour d'Odienné.

Son lent déclin à partir de la fin du 14e siècle a été suivi par la discorde interne et plusieurs révoltes par les États vassaux, dont l'une, Songhai, qui a prospéré comme un empire entre les 14e et 16e siècles.

L'Empire Songhai a également été affaibli par la discorde interne ; ce qui a conduit à la guerre entre factions. Cette discorde a poussé la plupart des migrations des peuples vers la ceinture forestière au sud.

La forêt tropicale dense, couvrant la moitié sud du pays, a créé des obstacles aux organisations politiques à grande échelle qui ont surgi dans le nord.

Les habitants vivaient dans des villages ou groupes de villages; leurs contacts avec le monde extérieur ont été réalisés grâce aux commerçants.

Les villageois ont subsisté grâce à l'agriculture et la chasse.

Cinq États importants ont prospéré en Côte d'Ivoire avant la colonisation. L'Empire Kong musulman qui a été créé par les Dioulas (commerçants mandingues) au début du 18e siècle, dans la région du centre-nord habité par les Sénoufos qui avait fui l'islamisation sous l'empire du Mali.

Bien que Kong soit devenu un centre prospère de l'agriculture, du commerce et de l'artisanat, les problèmes ethniques et religieux ont progressivement affaibli le royaume. La ville de Kong a été détruite en 1895 par Samory Touré.

Le royaume Abron de Gyaaman a été créé au 17e siècle par un groupe d'Akan qui avaient fui la confédération Ashanti dans ce qui est aujourd'hui le Ghana.

De leur établissement au sud de Bondoukou, les Abron ont progressivement étendu leur hégémonie sur le peuple Dioula qui était récemment émigré dans la ville.

Bondoukou a développé un centre de commerce et islamique important qui a attiré les étudiants de toutes les régions de l'Afrique de l'Ouest.

Au milieu du 17e siècle, dans le centre-est de la Côte d'Ivoire, d'autres groupes Akan fuyant l'Empire Ashanti ont établi un royaume Baoulé à Sakasso et deux royaumes Agni, l'Indénié et le Sanwi.

Les Baoulés, comme l'Empire Ashanti, ont développé une structure politique et administrative très centralisée sous trois souverains successifs.

Malgré la dissolution de leur royaume, les Baoulés ont fortement résisté à l'assujettissement français.

Les descendants des princes des royaumes Agni ont longtemps essayé de conserver leur identité distincte après l'indépendance de la Côte d'Ivoire ; aussi tard qu'en 1969, le Sanwi a tenté de se détacher de la Côte d'Ivoire pour former un royaume indépendant.

Comparé au Ghana voisin, la Côte d'Ivoire a peu souffert de la traite des esclaves parce que les navires des marchands européens préféraient d'autres zones le long de la côte, avec de meilleurs ports.

Le premier voyage européen en Afrique occidentale a été effectué par les Portugais en 1482.

La première colonie française d'Afrique de l'Ouest, Saint Louis, a été fondée au milieu du 17e siècle au Sénégal, tandis que à peu près au même moment, les Hollandais ont cédé aux Français l'île de Gorée, au large de Dakar.

Une mission française a été créée en 1637 à Assinie, près de la frontière avec la Gold Coast (actuel Ghana).

La survie d'Assinie était précaire. Cependant, les Français n'étaient pas fermement établis en Côte d'Ivoire jusqu'au milieu du 19e siècle.

En 1843, l'amiral français Bouët-Willaumez a signé des traités avec les rois des régions de Grand Bassam et d'Assinie, ce qui a rendu leur territoire un protectorat français.

Les explorateurs français, les missionnaires, les sociétés commerciales et les soldats ont progressivement étendu la zone intérieure sous contrôle français.

La pacification n'a pas été accompli jusqu'en 1915.

Les activités le long de la côte ont stimulé l'intérêt européen à l'intérieur, en particulier le long des deux grands fleuves, le Sénégal et le Niger.

L'exploration française d'Afrique de l'Ouest a commencé dans le milieu du 19e siècle, mais se déplaçait lentement et reposait davantage sur l'initiative individuelle que sur la politique gouvernementale.

Dans les années 1840, les Français ont conclu une série de traités avec les dirigeants ouest-africains locaux qui ont permis aux Français de construire des postes fortifiés le long du Golfe de Guinée pour servir de centres commerciaux permanents.

Les premiers postes en Côte d'Ivoire inclus un à Assinie et un autre à Grand Bassam qui est devenue la première capitale de la colonie.

Les traités prévoyaient la souveraineté française dans les postes et les privilèges versés annuellement aux dirigeants locaux pour l'utilisation de la terre.

Les arrangements n'étaient pas tout à fait satisfaisants pour les Français, parce que le commerce était limité et les malentendus sur les obligations conventionnelles ont souvent pris naissance.

Néanmoins, le gouvernement français a maintenu les traités dans l'espoir de développer le commerce.

La France a également voulu maintenir une présence dans la région pour endiguer l'influence croissante des Britanniques le long de la côte du Golfe de Guinée.

Les Français ont construit des bases navales pour empêcher les commerçants non-français et commencé une conquête systématique de l'intérieur. Ils ont accompli cette domination qu'après une longue guerre dans les années 1890 contre les forces mandingues. La guérilla des Baoulés et d'autres groupes de l'Est ont continué jusqu'en 1917.

La défaite de la France dans la guerre franco-prussienne en 1871 et l'annexion subséquente par l'Allemagne de la province française de l'Alsace-Lorraine ont poussé le gouvernement français à abandonner ses ambitions coloniales et retirer ses garnisons militaires des comptoirs d'Afrique de l'Ouest.

Le poste de Grand Bassam a été confié à la garde d'un expéditeur de Marseille, Arthur Verdier, qui en 1878 a été nommé résident de la Côte d'Ivoire.

En 1886, pour étayer ses allégations d'occupation effective, la France encore une fois, a pris le contrôle direct de ses postes de traite côtiers d'Afrique de l'Ouest et a lancé un programme accéléré d'exploration à l'intérieur.

En 1887, le lieutenant Louis Gustave Binger a effectué un voyage de deux ans à travers toute la Côte d'Ivoire.

À la fin du voyage, il a conclu quatre traités établissant les protectorats français en Côte d'Ivoire. Aussi en 1887, un agent de Verdier, Marcel Treich-Laplène, a négocié cinq accords supplémentaires qui ont étendu l'influence française à partir des sources du bassin du fleuve Niger, à travers toute la Côte d'Ivoire actuelle.

À la fin des années 1880, la France avait mis en place un contrôle sur les régions côtières de la Côte d'Ivoire et en 1889, la Grande-Bretagne reconnaît la souveraineté française dans la région.

Cette même année, la France a nommé Treich-Laplène gouverneur titulaire du territoire.

En 1893, la Côte d'Ivoire a été transformé en colonie française, puis le capitaine Binger a été nommé gouverneur.

Les accords avec le Liberia en 1892 et avec la Grande-Bretagne en 1893 ont déterminé les limites de la colonie, mais la limite nord n'a pas été fixé jusqu'en 1947 en raison des efforts déployés par le gouvernement français pour fixer les parties de la Haute-Volta (actuel Burkina Faso) et du Soudan français (actuel Mali), mais surtout pour des raisons économiques et administratives.

Le principal objectif de la France était de stimuler la production des exportations. Le café, le cacao et l'huile de palme furent bientôt plantés le long de la côte.

La Côte d'Ivoire se distingue comme le seul pays d'Afrique de l'Ouest avec une importante population de colons; ailleurs en Afrique occidentale et centrale, les Français et les Britanniques étaient en grande partie des bureaucrates.

En conséquence, les citoyens français ont adopté un système de travail forcé.

Tout au long des premières années de la domination française, les contingents militaires français ont été envoyés à l'intérieur des terres pour établir de nouveaux territoires.

Une partie de la population indigène a résisté à la pénétration et à la colonisation française.

Samory Touré, qui, dans les années 1880 et 1890 a fondé l'Empire Wassoulou sur une grande partie de l'actuelle Guinée, Mali, Burkina Faso et Côte d'Ivoire, était parmi ceux qui offrent la plus grande résistance.

La grande armée de Samory qui pouvait fabriquer et réparer ses propres armes à feu, a attiré un appui solide de toute la région d'Afrique de l'Ouest. Les Français ont répondu à l'expansion de Samory par la pression militaire.

Les campagnes françaises contre Samory ont été remplies d'une résistance farouche, intensifiée au milieu des années 1890 jusqu'à ce qu'il soit capturé en 1898.

L'imposition de la France d'une taxe en 1900 pour soutenir la colonie dans un programme de travaux publics a provoqué un certain nombre de révoltes.

De nombreux ivoiriens ont vu la taxe comme une violation des termes des traités de protectorat parce qu'ils pensaient que la France exigeait l'équivalent des rois locaux.

Un grand nombre de la population, surtout à l'intérieur, considérait la taxe comme un symbole d'humiliation et de soumission.

En 1905, les Français ont officiellement aboli l'esclavage dans la plupart des colonies d'Afrique de l'Ouest.

De 1904 à 1958, la Côte d'Ivoire a été membre constitutive de la Fédération de l'Afrique occidentale française (AOF) et territoire d'outre-mer sous la Troisième République.

Pendant la Première Guerre mondiale, la France a organisé des régiments de Côte d'Ivoire pour combattre.

Quelques 150.000 ivoiriens sont morts pendant la Première Guerre mondiale.

Jusqu'à la période suivant la Seconde Guerre mondiale, les affaires gouvernementales en Afrique occidentale française (AOF) ont été administrés depuis Paris.

La politique de la France en Afrique de l'Ouest se reflétait principalement par sa philosophie des associations et d'assimilation ; ce qui signifie que tous les africains de la Côte d'Ivoire étaient des "sujets" officiellement français et sans droits de représentation en Afrique ou en France.

Sur la base d'une hypothèse de la supériorité de la culture française sur les autres, dans la pratique, la politique d'assimilation signifiait l'extension de la langue et des institutions françaises dans les colonies.

La politique d'association a également affirmé la supériorité des Français dans les colonies, mais il existait différentes institutions et systèmes de lois pour le colonisateur et colonisé.

En vertu de cette politique, les africains de la Côte d'Ivoire ont été autorisés à conserver leurs propres coutumes dans la mesure où elles étaient compatibles avec les intérêts français.

Une élite indigène formé dans la pratique administrative française a représenté le groupe intermédiaire entre les Français et les Africains.

L'assimilation a été pratiquée en Côte d'Ivoire dans la mesure où, après 1930, un petit nombre d'ivoiriens occidentalisés a obtenu le droit de demander la nationalité française.

La plupart des ivoiriens ont cependant été classés comme sujets français et étaient régies par le principe d'association.

En tant que sujets de la France, ils n'avaient pas de droits politiques. Ils ont été utilisés pour le travail des mines, dans les plantations, comme porteurs et pour les projets publics dans le cadre de leur responsabilité fiscale. D'autres devaient servir dans l'armée et ont été soumis à l'indigénat, un système distinct de la loi.

Pendant la Seconde Guerre mondiale, la colonie est restée sous le contrôle du régime de Vichy jusqu'en 1942, lorsque les troupes britanniques ont envahi la France sans beaucoup de résistance.

Winston Churchill, le chef des Britanniques, a donné le pouvoir aux membres du gouvernement provisoire du général Charles de Gaulle.

En 1943, les Alliés ont laissé l'Afrique occidentale française (AOF) aux Français.

La reconnaissance de la Conférence de Brazzaville de 1944 et la première Assemblée constituante de la IVe République en 1946 ont conduit à de profondes réformes gouvernementales en 1946.

La citoyenneté française a été accordée à tous les «sujets» africains, le droit d'organiser politiquement a été reconnu et diverses formes de travail forcé ont été supprimés.

Jusqu'en 1958, les gouverneurs nommés à Paris ont administré la colonie de Côte d'Ivoire, en utilisant un système d'administration centralisée directe qui a laissé peu de place à la participation ivoirienne dans l'élaboration des politiques.

Alors que l'administration coloniale britannique a adopté la politique de diviser pour régner, les Français étaient intéressés à faire en sorte que la petite mais influente élite soit suffisamment satisfaite de son statut dans le simple but de s'abstenir de tout sentiment anti-français.

Bien que fortement opposé aux pratiques de l'association, les ivoiriens instruits croyaient qu'ils allaient atteindre l'égalité avec leurs pairs français par l'assimilation plutôt que par l'indépendance totale de la France.

Félix Houphouët-Boigny, le fils d'un chef Baoulé, allait devenir le père de la Côte d'Ivoire indépendante. En 1944, il a fondé le premier syndicat agricole du pays pour les agriculteurs de cacao comme lui.

Irrité par la politique coloniale qui favorisait les propriétaires de plantations françaises, ils se sont unis pour recruter des travailleurs migrants pour leurs propres fermes.

C'est dans ce sens qu'Houphouët-Boigny a été élu au Parlement français à Paris.

Un an plus tard, les Français ont aboli le travail forcé.

Houphouët-Boigny a établi une relation forte avec le gouvernement français, exprimant la conviction que le pays bénéficierait de la France.

La France l'a nommé ministre dans plusieurs de ses gouvernements.

Un tournant dans les relations avec la France a été atteint avec la loi de 1956 (loi cadre), qui a transféré un certain nombre de pouvoirs de Paris aux gouvernements territoriaux élus en Afrique occidentale française (AOF) et d'autres inégalités de vote ont également été supprimées.

En 1958, la Côte d'Ivoire est devenue un membre autonome de la Communauté française (qui a remplacé l'Union française).

Au moment de l'indépendance de la Côte d'Ivoire en 1960, le pays était la colonie française d'Afrique de l'Ouest la plus prospère, contribuant à plus de 40% des exportations totales de la région.

Quand Houphouët-Boigny est devenu le premier président, son gouvernement a davantage stimulé la production.

Cela a été encore renforcé par une forte immigration des travailleurs des pays voisins. La production de café a augmenté de manière significative, projetant la Côte d'Ivoire à la troisième place mondiale (derrière le Brésil et la Colombie).

En 1979, le pays était le premier producteur mondial de cacao. Il est également devenu le premier exportateur d'ananas et d'huile de palme d'Afrique de l'Ouest.

Les techniciens français ont contribué au «miracle ivoirien».

Après les indépendances en 1960, plusieurs pays africains avaient chassé les Européens, sauf la Côte d'Ivoire.

La communauté française est passée de seulement 30.000 avant l'indépendance à 60.000 en 1980, la plupart d'entre eux des enseignants, des gestionnaires et des conseillers.

Depuis 20 ans, l'économie a maintenu un taux de croissance annuel de près de 10%, soit la plus élevée des pays non exportateurs de pétrole en Afrique.

Le parti politique d'Houphouët-Boigny n'était pas prêt pour la concurrence démocratique.

Laurent Gbagbo, qui allait devenir le président de la Côte d'Ivoire en 2000 a dû fuir le pays dans les années 1980 parce qu'il avait provoqué la colère d'Houphouët-Boigny après avoir fondé le Front Populaire Ivoirien (FPI).

Houphouët-Boigny a misé sur son large appel à la population qui l'a élu plusieurs fois. Il a également été critiqué pour son accent sur le développement de projets à grande échelle.

Beaucoup ont estimé que des millions de dollars ont été dépensé pour transformer son village natal, Yamoussoukro, en une nouvelle capitale politique.

D'autres ont appuyé sa vision de développer au cœur du pays un centre pour la paix, l'éducation et la religion.

Au début des années 1980, la récession mondiale et la sécheresse locale ont envoyé des ondes de choc à travers l'économie ivoirienne.

En raison de la surexploitation du bois et de l'effondrement des prix du sucre, la dette extérieure du pays a augmenté de trois fois.

Les crimes ont augmenté de façon spectaculaire à Abidjan.

En 1990, des centaines de fonctionnaires sont mis en grève, rejoints par des étudiants qui protestaient contre la corruption institutionnelle.

L'agitation a forcé le gouvernement à soutenir la démocratie multipartite. Houphouët-Boigny est devenu de plus en plus faible et est mort en 1993.

Henri Konan Bédié, le président de l'Assemblée Nationale était son successeur constitutionnel.

En octobre 1995, Bédié a massivement été réélu contre une opposition fragmentée et désorganisée.

Il resserra son emprise sur la vie politique en emprisonnant plusieurs centaines de partisans de l'opposition.

En revanche, les perspectives économiques étaient améliorées, au moins superficiellement, avec la diminution de l'inflation et une tentative d'éliminer la dette extérieure.

Contrairement à Houphouët-Boigny, qui était très prudent pour éviter tout conflit ethnique en donnant l'accès à des postes administratifs ouverts aux immigrants des pays voisins, Bédié a inventé le concept d'Ivoirité pour exclure son rival Alassane Ouattara qui est originaire du nord, aux prochaines élections présidentielles.

Comme les gens originaires de pays étrangers représente une grande partie de la population ivoirienne, cette politique a exclu de nombreuses personnes de nationalité ivoirienne.

Les relations entre les différents groupes ethniques étaient devenues tendues ; ce qui a abouti à deux guerres civiles dans les décennies suivantes.

De même, Bedié a exclu de nombreux adversaires potentiels de l'armée.

À la fin de 1999, un groupe d'officiers mécontents dirigé par le sergent Ibrahim Coulibaly, parfois appelé simplement IB, a organisé un coup d'Etat militaire pour installer le général Robert Guéï au pouvoir.

Bedié a fui en exil vers la France.

La nouvelle administration militaire a réduit la criminalité et la corruption.

Une élection présidentielle dans laquelle Laurent Gbagbo rivalisait avec Guéï a eu lieu en octobre 2000.

L'atmosphère jusqu'à l'élection a été marquée par des troubles civils et militaires.

Suite à un soulèvement populaire qui a entrainé la mort d'environ 180 personnes, Guëï a rapidement été remplacé par Gbagbo.

Alassane Ouattara a été disqualifié par la Cour suprême du pays, en raison de sa nationalité burkinabé.

La constitution existante et plus tard réformé sous Guëï, ne permettait pas aux non ressortissants d'être candidat à la présidence.

Cela a suscité plusieurs protestations violentes dans lesquelles les partisans d'Alassane Ouattara, principalement en provenance du nord du pays, ont lutté contre la Police anti-émeute dans la capitale Yamoussoukro.

Le 19 septembre 2002, alors que le président Gbagbo était en Italie, les soldats qui devaient être démobilisés ont lancé des attaques dans plusieurs villes.

La bataille pour les principales casernes de la gendarmerie d'Abidjan a duré jusqu'au milieu de la matinée.

Le gouvernement a perdu le contrôle du nord du pays et les forces rebelles ont choisi la ville de Bouaké comme capitale.

Les rebelles ont menacé de prendre Abidjan à nouveau quand la France a déployé des troupes dans le pays pour mettre fin à la guerre.

Les Français ont dit qu'ils protégeaient leurs propres citoyens, mais leur déploiement a également aidé les forces gouvernementales.

Qu'est-il arrivé exactement ?

Le gouvernement a affirmé que l'ancien président Robert Guéï avait mené une tentative de coup d'Etat et la télévision nationale a montré les photos de son cadavre dans la rue. Robert Guéï et 15 autres membres de sa famille avait été assassiné à son domicile et son corps avait été déplacé dans les rues pour l'incriminer.

Alassane Ouattara se réfugie à l'ambassade d'Allemagne ; sa maison avait été brûlée.

Le président Gbagbo a coupé court son voyage en Italie pour rentrer au pays. Dans une allocution télévisée, certains rebelles se cachaient dans les quartiers d'Abidjan où les travailleurs migrants étrangers vivaient.

Les gendarmes ont brûlé les maisons par milliers, en attaquant les résidents.

Les rebelles avaient le soutien d'une grande partie de la population du nord et la lutte pour les zones de culture du cacao s'était amplifiée.

La France a envoyé des troupes pour maintenir les limites du cessez-le-feu avec les milices, y compris les chefs de guerre et les combattants du Liberia et de la Sierra Leone qui ont profité de la crise pour saisir les parties de l'ouest.

En janvier 2003, Gbagbo et les dirigeants rebelles ont signé des accords créant un gouvernement d'union nationale.

Le couvre-feu avait été levé et les troupes françaises patrouillaient la frontière ouest du pays.

Le gouvernement d'union était instable et personne n'avait atteint ses objectifs.

En mars 2004, 120 personnes ont été tuées dans un rassemblement de l'opposition et un rapport a conclu plus tard que les tueries avaient été planifiées.

Bien que les Casques bleus aient été déployés pour maintenir une "zone de confiance", les relations entre Gbagbo et l'opposition ont continué à se détériorer.

Au début de novembre 2004, après l'accord de paix qui avait effectivement échoué suite au refus des rebelles de désarmer, Gbagbo a ordonné des frappes aériennes contre les rebelles.

Lors d'une de ces frappes aériennes à Bouaké, le 6 novembre 2004, les soldats français ont été touchés et neuf ont été tués ; le gouvernement ivoirien a dit qu'il s'agissait d'une erreur.

La France a répondu en détruisant la plupart des avions militaires ivoiriens et plusieurs violentes émeutes de représailles contre les Français ont éclaté à Abidjan.

Le mandat initial de Gbagbo en tant que président a expiré le 30 octobre 2005, mais en raison de l'absence de désarmement, la tenue d'une élection a été jugée impossible, son mandat a été prolongé pour une durée maximale d'un an, selon un plan élaboré par l'Union africaine ; ce plan a été approuvé par le Conseil de sécurité des Nations Unies.

Comme la date limite de fin octobre 2006 approchait, l'organisation de l'élection a été considérée comme très peu probable.

L'opposition et les rebelles ont rejeté cette probabilité.

Le Conseil de sécurité des Nations unies a approuvé une autre prolongation d'un an du mandat de Gbagbo le 1er novembre 2006 ; toutefois, la résolution prévoyait le renforcement des pouvoirs du Premier ministre Charles Konan Banny.

Un accord de paix entre le gouvernement et les rebelles des Forces nouvelles a été signé le 4 mars 2007 et Guillaume Soro, le chef des Forces nouvelles, est devenu premier ministre.

Après la guerre civile, les infrastructures avaient fortement été endommagé.

Les collectivités de tout le pays devaient réparer leur infrastructure d'approvisionnement en eau.

Les élections présidentielles qui auraient dû être organisées en 2005 ont été reportées jusqu'en novembre 2010.

Les résultats préliminaires annoncés de façon indépendante par le président de la Commission électorale depuis l'Hotel du Golf en raison des controverses sur la fraude, ont montré une perte de Gbagbo en faveur de son rival, l'ancien premier ministre Alassane Ouattara qui a obtenu 54% de voix.

Le FPI au pouvoir a contesté les résultats devant le Conseil constitutionnel, accusant une fraude massive dans les départements du nord contrôlées par les rebelles des Forces nouvelles de Côte d'Ivoire.

Ces accusations ont été démenties par les observateurs de l'Organisation des Nations Unies (ONU). Le rapport des résultats a conduit à de fortes tensions et des violents incidents.

Le Conseil constitutionnel, qui se compose des partisans de Gbagbo, a déclaré que Gbagbo avait gagné les élections avec 51% des voix.

Après la prestation de serment de Gbagbo en tant que Président de la République, Ouattara, qui a été reconnu comme le principal vainqueur par la plupart des pays et les Nations Unies a organisé une prestation de serment alternative.

Ces événements ont soulevé des craintes d'une résurgence de la guerre civile; des milliers de réfugiés ont fui le pays.

L'Union africaine (UA) a envoyé Thabo Mbeki, l'ancien Président de l'Afrique du Sud, pour arbitrer le conflit.

Le Conseil de sécurité des Nations Unies a adopté une résolution commune reconnaissant Alassane Ouattara comme vainqueur des élections, sur la base de la position de la Communauté économique des Etats d'Afrique de l'Ouest (CEDEAO), qui a suspendu la Côte d'Ivoire tandis que l'Union africaine (UA) a également suspendu l'adhésion du pays.

L'élection présidentielle de 2010 a conduit à la crise ivoirienne de 2010-2011 et à la deuxième guerre civile ivoirienne.

Les organisations internationales ont rapporté de nombreuses violations des droits de l'homme commises par les deux parties. Dans la ville de Duékoué, des centaines de personnes ont été tuées.

Les forces de l'ONU et les français ont pris une action militaire contre Gbagbo. Gbagbo a été arrêté après un raid sur sa résidence le 11 avril.

L'élection présidentielle ivoirienne de 2015 se tient le 25 octobre et voit la réélection dès le premier tour d'Alassane Ouattara à la fonction de président de la République pour un mandat de cinq ans.

Le 4 novembre 2016, le Conseil constitutionnel ivoirien a validé la victoire du "oui" au référendum sur la nouvelle constitution.

La Côte d'Ivoire a été administrativement organisée en 12 districts.

Les districts sont divisés en 31 régions; les régions sont divisées en 108 départements; et les départements sont divisés en 510 sous-préfectures. Dans certains cas, plusieurs villages sont organisés en communes.

Les districts autonomes ne sont pas divisés en régions, mais ils contiennent des départements, des sous-préfectures et des communes.

Depuis 1983, la capitale politique de la Côte d'Ivoire est Yamoussoukro. Abidjan est le centre économique et administratif.

La plupart des pays maintiennent leur ambassade à Abidjan.

La Côte d'Ivoire est membre de l'Union africaine (UA), de la Francophonie (OIF) et de la Communauté économique des États de l'Afrique de l'Ouest (CEDEAO).

La Côte d'Ivoire a également collaboré avec divers pays de la région sub-saharienne pour le renforcement des infrastructures et l'assainissement.

En 2015, l'Organisation des Nations Unies (ONU) a conçu les objectifs de développement durable (ODD), en remplaçant les Objectifs du Millénaire pour le développement (OMD).

Les objectifs portent sur la santé, l'éducation, la pauvreté, la faim, le changement climatique, l'assainissement de l'eau et de l'hygiène.

Cette politique a eu un impact majeur sur la région subsaharienne de l'Afrique, en particulier en Côte d'Ivoire.

La Côte d'Ivoire a un revenu par habitant relativement élevé (1.014 dollars américains en 2013) et joue un rôle clé dans le commerce de transit pour ses voisins, les pays sans littoral.

Le pays est la plus grande économie de l'Union économique et monétaire ouest-africaine (UEMOA), constituant 40% du PIB total de l'union monétaire.

Le pays est le plus grand exportateur mondial de de cacao et le quatrième plus grand exportateur de marchandises en Afrique sub-saharienne (après l'Afrique du Sud, le Nigeria et l'Angola).

En 2009, les agriculteurs ont gagné 2,53 milliards de dollars pour les exportations de cacao et devraient produire 1.000.000 tonnes en 2015.

Le maintien de liens étroits avec la France depuis l'indépendance en 1960, la diversification de l'agriculture pour l'exportation et l'encouragement de l'investissement étranger ont été les facteurs de la croissance économique de la Côte d'Ivoire.

Au cours de ces dernières années, la Côte d'Ivoire a été soumise à une concurrence accrue et à la baisse des prix sur le marché mondial pour ses cultures agricoles primaires : le café et le cacao.

La population du pays a été estimée à 15.366.672 habitants en 1998, à 20.617.068 en 2009 et à 23.919.000 en 2014.

Le premier recensement national de la Côte d'Ivoire en 1975 comptait 6,7 millions d'habitants.

Selon une enquête du gouvernement en 2012, le taux de fécondité était de 5,0 enfants par femme, avec 3,7 dans les zones urbaines et 6,3 dans les zones rurales.

Le Français, la langue officielle, est enseignée dans les écoles et sert de lingua franca dans le pays. On estime que 65 langues sont parlées en Côte d'Ivoire.

L'une des plus commune est le Dioula qui sert de langue commerciale, ainsi que de langue principale pour la population musulmane.

Les groupes ethniques comprennent les Akans 42,1%, les voltaiques et Gur 17,6%, les

Mandingues 26,5%, les Krous 11%, autres 2,8% (plus de 50.000 Français en 2015).

Environ 77% de la population est considérée ivoirienne.

La religion en Côte d'Ivoire reste très hétérogène, avec l'islam et le christianisme (catholique romaine avec un plus petit nombre de protestants) étant les principales religions.

Les musulmans dominent le nord, tandis que les chrétiens dominent le sud.

La capitale de la Côte d'Ivoire, Yamoussoukro, abrite la plus grande église du monde, la Basilique de Notre-Dame de la Paix.

L'espérance de vie à la naissance était de 41 pour les hommes et 47 pour les femmes en 2004.

La mortalité infantile était de 118 pour 1000 naissances vivantes. Douze médecins sont disponibles pour 100.000 personnes.

Environ un quart de la population vit en dessous du seuil de pauvreté avec moins de 1,25 dollar américain par jour.

Environ 36% des femmes ont subi des mutilations génitales féminines.

Le taux de VIH / sida est estimé à 3,20% en 2012 chez les personnes de 15 à 49 ans.

Une grande partie de la population adulte, en particulier les femmes, sont analphabètes.

Beaucoup d'enfants âgés de 6 à 10 ans ne sont pas inscrits à l'école.

La majorité des étudiants dans l'enseignement secondaire sont des hommes.

Le pays a des universités à Abidjan (Université de Cocody) et Bouaké (Université de Bouaké).

Chacun des groupes ethniques en Côte d'Ivoire a ses propres genres de musique.

Les genres musicaux populaires de la Côte d'Ivoire comprennent le zoblazo, le zouglou et le Coupé-Décalé.

Quelques artistes ivoiriens qui ont connu un succès international sont Magic System, Alpha Blondy, Meiway et Tiken Jah Fakoly.

Le pays a été l'hôte de plusieurs grands événements sportifs africains, avec le plus récent étant le championnat d'Afrique de basket 2013.

Dans le passé, le pays a accueilli la Coupe d'Afrique des Nations en 1984, dans lequel l'équipe ivoirienne de football a terminé cinquième et le championnat d'Afrique de basket en 1985 où l'équipe ivoirienne de basket-ball a remporté la médaille d'or.

Le sport le plus populaire en Côte d'Ivoire est le football. L'équipe nationale de football a participé à la Coupe du monde à trois reprises (Allemagne 2006, Afrique du Sud 2010 et Brésil en 2014).

En 2015, l'équipe de football féminine a participé à la Coupe du Monde au Canada.

Le rugby est aussi populaire et l'équipe nationale s'est qualifié pour jouer à la Coupe du Monde de Rugby en Afrique du Sud en 1995.

La Côte d'Ivoire a également remporté deux Coupes d'Afrique en 1992 et 2015.

La cuisine traditionnelle de Côte d'Ivoire est très similaire à celle des pays voisins d'Afrique de l'Ouest dans sa dépendance aux céréales et tubercules.

Le manioc et les plantains sont des aliments importants pour la cuisine ivoirienne.

L'Attiéké est un plat d'accompagnement populaire en Côte d'Ivoire fait à base le manioc râpé.

L'Alloco est la banane mûre frit dans de l'huile de palme, épicée avec des oignons et le piment et mangé seul ou avec du poisson grillé.

Le Kédjénou est un plat composé de poulet et de légumes cuits lentement dans un pot avec peu ou pas de soupe. Il est généralement cuit dans un pot de poterie appelé canari, sur un léger feu, ou cuits dans un four. Le Bangui est un vin de palme local.

Les ivoiriens ont un type particulier de petit restaurant en plein air appelé maquis. Un maquis dispose normalement de poulet et de poissons couverts par les oignons ou tomates braisées, servies avec l'attiéké.

57

L'Empire Ashanti

L'Empire Ashanti (1701-1957) était un royaume du peuple Akan dans ce qui est maintenant le Ghana.

Les Akans ont utilisé la puissance militaire et les armes à feu pour créer un empire qui s'étendait du centre du Ghana à l'actuelle Côte d'Ivoire.

La richesse, l'architecture, la hiérarchie et la culture de l'Empire Ashanti a été largement étudié par les européens, principalement les britanniques.

À partir de la fin du 17e siècle, le roi Osei Toutou (1695-1717) a établi le Royaume Ashanti.

Osei Toutou a supervisé l'expansion territoriale du royaume grâce à l'introduction d'une nouvelle organisation militaire disciplinée et efficace.

En 1701, l'armée a conquis Denkyira, donnant l'accès au Golfe de Guinée et au commerce côtier de l'océan Atlantique avec les Européens, notamment les Hollandais.

L'économique de l'État provient principalement du commerce de l'or, du cacao, de la noix de kola et de l'agriculture ; de l'agriculture également avec la production du manioc, du maïs et de l'igname.

Aujourd'hui, l'Empire Ashanti est un sous-état traditionnel protégé par la Constitution du Ghana.

Fondation du Royaume

Le royaume Ashanti était initialement centré sur les clans dirigés par un chef suprême.

Un clan particulier, les Oyoko, se sont installés dans la région de la forêt sub-tropicale de l'Ashanti, l'établissement d'un centre à Kumasi.

Au 17e siècle, le chef du clan Oyoko, Oti Akenten a commencé à consolider les clans Ashanti en une confédération contre le Denkyira.

L'introduction du tabouret Ashanti ou d'or était un moyen de centralisation sous Osei Toutou.

Selon la légende, une réunion de tous les chefs de chacune des colonies de clans Ashanti a été appelé juste avant l'indépendance du Denkyira.

Pendant cette réunion, le tabouret d'or est magiquement descendu des cieux sous les invocations de Okomfo Anokye, prêtre et conseiller Osei Tutu.

Okomfo Anokye a déclaré que le tabouret était le symbole du Royaume Ashanti et a intronisé Osei Tutu comme nouveau roi.

En 1670 le clan Oyoko a organisé une autre unification rapide des peuples Akan par la diplomatie et de la guerre.

Le roi Osei Toutou I et son conseiller en chef, Okomfo Kwame Anokye ont dirigé une coalition contre le Denkyira qui détenait le Royaume Ashanti sous son emprise.

Le Royaume Ashanti a vaincu la bataille de feyiase, proclamant son indépendance en 1701.

Par la suite, les dirigeants des autres village Akan ont adhéré au Royaume Ashanti qui a fait de sa capitale Kumasi.

L'esclavage dans le Royaume Ashanti

L'esclavage était historiquement une tradition dans l'Empire Ashanti, avec des esclaves généralement pris comme captifs pendant les guerres.

Les Akans croyait que les esclaves suivaient leurs maîtres dans l'au-delà. Les esclaves pouvaient posséder parfois d'autres esclaves et pouvaient également demander un nouveau maître en cas d'abus.

Les esclaves étaient rarement maltraités et la personne qui abusait un esclave était tenu en haute mépris par la société.

Les esclaves ont été autorisés à se marier et leurs enfants sont nés libres. Le maître pouvait épouser l'esclave.

Gouvernement et politique

Le gouvernement Ashanti a été construit sur une bureaucratie sophistiquée à Kumasi, avec des ministères séparés pour gérer les affaires de l'État.

On notera en particulier le ministère des affaires étrangères qui était basé à Kumasi ; malgré sa petite taille, il a permis à l'Etat de poursuivre des négociations complexes avec les puissances étrangères.

Économie

L'Empire Ashanti a été basé sur le commerce, en particulier de l'or, de l'ivoire et des esclaves, qui ont été vendus aux premiers commerçants portugais et plus tard néerlandais et britanniques.

Les plantes cultivées comprennent les plantains, les ignames, le manioc, le maïs, les patates douces, les haricots, les oignons, les arachides, les tomates et de nombreux fruits.

Le vin de palme Ashanti fabriqué a fait usage d'huile pour de nombreuses utilisations culinaires et domestiques.

Les infrastructures telles que le transport routier à travers le Royaume Ashanti a été maintenue par l'intermédiaire d'un réseau de routes bien entretenues et reliant d'autres villes commerciales.

Démographie

Le Royaume Ashanti a été l'un des États les plus centralisés d'Afrique sub-saharienne.

Osei Tutu et ses successeurs ont supervisé une politique d'unification qui avait atteint sa pleine mesure en 1750. Le Royaume Ashanti avait une population dense, permettant la création de centres urbains importants.

En 1874, l'Ashanti contrôlait plus de 250.000 kilomètres carrés tout en excluant environ 3 millions de personnes.

Culture et société

La famille royale était en tête de la hiérarchie, suivi par les familles des chefs de divisions territoriales.

Dans chaque chefferie, une ligne féminine fournit notamment le chef et un comité parmi plusieurs hommes éligibles pour le poste élit ce chef.

Le Royaume Ashanti a envoyé beaucoup de jeunes étudiants pour fréquenter les écoles européennes.

Les Ashantis adoraient les jumeaux parce qu'ils étaient considérés comme un signe de fortune imminente.

La maladie et la mort étaient des événements majeurs dans le royaume.

L'herboriste ordinaire traitait les maladies avec des médicaments à base de plantes.

Le rite funéraire d'un roi impliquait tout le royaume et était une affaire beaucoup plus élaborée.

Le royaume Abron de Gyaman

Le royaume Abron de Gyaman ou Gyaman était un Empire d'Afrique de l'Ouest entre les 17e et 20e siècles sur le territoire de moderne du Ghana et de l'actuelle République de Côte d'Ivoire.

Origines

Le Banda était un royaume qui a grandi autour de la ville éponyme de Banda en 1400 et dont le fondateur réel était le peuple Akan.

L'empire initial Banda était situé au nord de l'actuel Ghana entre la limite nord de la forêt tropicale et la région de la colline de Banda.

Dans l'Ouest, le territoire se trouvait sur le territoire de l'actuelle République de Côte d'Ivoire.

Après le déclenchement d'un grand flux de réfugiés en provenance des régions du Nord au 16ème siècle, principalement les Dioulas (commerçants malinkés) et d'autres peuples

Mandingues, le pouvoir politique à Banda a formé un système politique géré de manière centralisée et unifiée territorialement.

Cependant, la capitale de Banda a disparu en 1680 avec l'émergence de l'Empire Ashanti.

Banda était l'une des principales routes caravanières entre le sud et les routes commerciales transsahariennes.

Cependant, le nouveau royaume Abron du peuple Akan a de nouveau saisi le pouvoir politique et les commerçants dioula islamique ont perdu leur pouvoir en tant que dirigeant de Banda.

Peu après, soit vers 1690, Bondoukou est devenu la nouvelle capitale des Akan.

La base économique du royaume Gyaman réside principalement dans les riches gisements d'or et dans le commerce entre la côte et le haut Niger, où principalement le fer, le cuivre, la Kola, les peaux d'animaux, les bovins, les moutons, le sel, l'ivoire, les armes à feu européennes, la poudre à canon, le tissu de coton et d'autres produits textiles ont été échangés.

La capitale Bondoukou a été dominé économiquement par les musulmans Dioulas qui étaient mais pas politiquement.

Gyaman sous la domination de l'Empire Ashanti

Gyaman a été conquis la première fois en 1740 par l'Empire Ashanti et depuis lors, dirigé par un gouverneur.

Plus tard Gyaman était devenu comme une province de l'Ashanti.

Une alliance avec le royaume de Denkyira avait entrainé deux guerres très sanglantes ; une fois encore l'Empire Ashanti de Kumasi a gagné la guerre.

Finalement, l'Empire Ashanti a réussi de briser l'alliance hostile et emporter la victoire.

Gyaman se révolta ouvertement contre l'Ashanti en 1752, 1764, 1799 et 1818.

Après la défaite des Ashantis contre les Britanniques en 1874, Gyaman a obtenu sa pleine indépendance.

Pendant la Colonisation

Après leur victoire sur Ashanti, les Britanniques ont poursuivi en particulier le commerce avec Gyaman pour prendre le contrôle du nord.

Cependant, avant que le négociateur britannique arrive à Gyaman, l'explorateur français Marcel Treich-Laplène était déjà à Bondoukou parce qu'il avait eu de nombreux contrats de protection avec les dirigeants locaux dans le nord de la Côte d'Ivoire.

Un contrat a ensuite été signé le 13 novembre 1888 par le Capitaine Louis Gustave Binger.

Gyaman a ratifié un autre contrat avec les représentant du gouvernement français au début de janvier 1889, devenant un territoire de la France.

En 1895, les troupes de Samory Touré ont occupé la région de Gyaaman pour soutenir la résistance.

Cependant, les Français ont lancé une attaque contre les troupes de Samory Touré en 1897 pour récupérer le territoire de Gyaman.

Royaume du Sanwi

Le Royaume du Sanwi est une organisation sociale traditionnelle du peuple Agni installée sur l'actuel territoire ivoirien vers la fin du 17e et au début du 18e siècle.

Le Royaume du Sanwi occupe la pointe Sud-Est de la Côte d'Ivoire et couvre une superficie de 6 500 km² dont 500 km² sont occupés par des lagunes. Sans compter le lac artificiel de 17000 ha créé par les deux barrages hydroélectriques du village d'Ayamé.

Cette région est bordée :

au Sud par le royaume bétibé ;

au Nord par le département d'Abidjan;

au Nord-Ouest par le département d'Abengourou;

à l'Est et au Nord-Est par la république du Ghana.

Le Royaume du Sanwi se présente comme un ensemble de collines et de vallées qui se subdivise en trois zones spécifiques :

Une zone côtière, sablonneuse et faite de mangroves : elle couvre les cantons d'Adjouan, le Sud du canton Affema; une zone forestière s'entendant d'Est en Ouest et au Nord.

Le Royaume du Sanwi enregistre une des pluviométries les plus fortes de la Côte d'Ivoire. Cette donnée géographique a grandement favorisé le développement exceptionnel des cultures industrielles (Hévéa, café, cacao, banane, palmier à l'huile, ananas, etc…) et vivrier (riz, taro, banane, plantain, manioc, etc. …).

Du point de vue économique, ce sont les activités agro-industrielles qui l'emportent de loin, en effet, est connue pour sa production d'huile de palme (environ 20 % de la production nationale).

Enfin, sur le plan alimentaire, la région se présente comme un des plus importants centres d'approvisionnement des différents marchés d'Abidjan.

Origine du Royaume du Sanwi

Les populations constitutives de ce royaume sont venues vers la fin 17e siècle du Royaume des Aowin, dans l'actuel Ghana où elles étaient sous l'autorité du roi Amalanman Anoh.

Elles ont dû fuir à la suite d'une défaite consécutive à une guerre des opposant à la famille du roi Kadjo Etibou.

Le roi Amalanman Anoh et ses troupes étant vaincus, dix-sept familles représentant les 17 régiments militaires de sa branche armée fuyant l'adversaire, ont quitté le Ghana pour chercher refuge vers la Côte d'Ivoire voisine.

Seules quatre familles ont pu arriver sur le sol ivoirien ; les autres ayant péri sur le chemin de l'exode, décimées soit par les maladies, soit par la famine soit encore par diverses intempéries (sécheresse, tempêtes).

Elles se sont donc installées avec leurs sept chaises qui symbolisent les sept grandes familles royales dans le Sud-Est du territoire de la Côte d'Ivoire, alors sous domination coloniale.

Origine du Sanwi

Le noyau originel de ce peuple se trouve au Ghana où les conflits entre les Ashantis et les Agni ont créé le motif d'un départ vers la Côte d'Ivoire.

Avec à leur tête Amalaman Anoh, 1er Roi du royaume Sanwi, les Agni s'installent à Diby dans la région d'Aboisso.

Une guerre de leadership éclate sur la nouvelle terre entre les Agni et les Agoua, premiers occupants du site.

Les Agni gagnent et soumettent les Agoua peu nombreux.

Après leur victoire, les Agni s'installent dans la région de Ciman, une vallée surmontée par des collines, de sorte qu'en temps de guerre l'ennemi ne puisse pas accéder au nouveau site.

Mais, toujours à la recherche de nouvelles terres, Aka Essoin, l'homme de main du Roi Amalaman Anoh et puissant notable, chargé de l'expansion du royaume, part en conquête de nouvelles terres plus propices.

C'est dans cette quête qu'Aka Essoin découvre un gros arbre, un cerisier : le Krindjabo situé derrière la Rivière Bia. Pour atteindre le site, il faut d'abord traverser la Bia à la nage.

Se sachant à l'abri des éventuelles attaques de l'ennemi, le peuple Agni quitte la région de Ciman pour s'installer sous l'arbre Krindja ou Krindjabo en langue Agni.

Et ce, grâce à Aka Essoin qui possède des pouvoirs mystiques lui permettant de se transformer en animal féroce, notamment l'éléphant.

Krindjabo, la capitale du royaume Sanwi est ainsi fondé, avant l'arrivée des Européens.

La grande ville d'Aboisso est le berceau du royaume, le plus vieux et le plus puissant de l'histoire du Sanwi.

La première mission à travers le pays Agnis s'effectue en 2 voyages (La mission Treich Laplène (1887-1889) qui se sont traduits par des traités avec le Sanwi à Krindjabo (Aboisso) avec le Bettié et l'Indénié (Abengourou).

Dans le Nord, les traités ont été également signés avec les royaumes de Bondoukou, de Kong, en 1888 et de Dabakala avec Binger en 1889.

Les Cantons du Sanwi et leurs rôles

Originairement, le Royaume du Sanwi s'étendait sur sept cantons (d'Assinie à Noé, la frontière du Ghana).

Mais, Aujourd'hui, avec le départ de Tiapoum et des Ehotilé, le Sanwi reste constitué de six cantons regroupant les Blafê ou Agni-Sanwi.

L'exercice des règles traditionnelles qui le régissent, chaque canton respectant fidèlement ses attributions et rôles, a longtemps fait de ce royaume un exemple de démocratie (traditionnelle).

Adjouan

Adjouan a le rôle d'éducateur et formateur des candidats au trône du Sanwi.

En effet, Adjouan enseigne au futur roi d'abord son rôle au trône, ses relations avec son peuple, les principales familles composant son peuple, les villages et les limites territoriales de son royaume.

Il l'instruit aussi sur les alliances avec les autres peuples.

De par sa situation géographique (sur une colline qui domine la lagune Aby, donnant une large vue sur tout le royaume), ce canton constitue un refuge privilégié pour les princes héritiers en cas d'attaques ou d'invasion du royaume par un ennemi.

C'est de là que partaient les princes héritiers pour le trône à Krindjabo.

Adjouan était également un haut lieu de culture où on célébrait les mariages des membres de la famille royale.

Assouba

C'est ce canton qui valide et entérine le chôix du roi fait de manière collégiale par l'ensemble des chefs de canton.

Il légifère et conduit la cérémonie d'intronisation du nouveau roi. Assouba a donc les attributions de haute juridiction et joue à la fois les rôles de Cour Suprême et de Conseil constitutionnel.

Krindjabo

C'est là où se trouve le domicile officiel du roi, c'est la capitale du royaume.

Selon des critiques, sa fonction de «simple» résidence du roi semble reléguer son titre de canton souverain.

Assinie

Lorsque le roi a envie de se reposer, Assinie a pour tâche de le recevoir. Ce canton sert de lieu d'accueil au roi pour ses virées discrètes, avec ses maîtresses par exemple.

Kouakro et Ayamé

Les deux ont pour rôle de défendre et protéger les frontières du royaume pour ne pas qu'il y ait des d'incursions ennemies. Ils y sont aidés par Adaou, un village du canton Assouba.

Les sept familles royales sont représentées dans chacun des cantons. Les notables dans le royaume sont les conseillers du roi. Ils font partie de la Cour du roi. Après eux, viennent les chefs de canton, les chefs de village, les chefs de quartier qui sont aussi appelés chefs de chaise.

A Krindjabo, il y a sept quartiers et chaque quartier possède une "Chaise" ou un tam-tam.

Organisation du pouvoir traditionnel dans le Sanwi

Dans l'organisation traditionnelle du royaume du Sanwi, chaque canton, comprenant un ensemble de villages, est dirigé par un chef de canton, placé directement sous l'autorité du Roi du Sanwi.

Chaque village est dirigé à son tour par un chef du village, placé directement sous l'autorité du chef de canton de sa circonscription.

Enfin, l'ensemble de la collectivité, à savoir l'ensemble des chefs de canton et donc des chefs de villages, est placé sous l'autorité du Roi du Sanwi.

Malheureusement, les liens hiérarchiques formels ne sont pas définis de manière concrète et ne sont pas soutenus par des liaisons fonctionnelles.

Les chefs de canton et les chefs de village jouissent sur le terrain d'une très large autonomie et font ce qu'ils veulent sans aucune vision d'ensemble et sans obligation de rendre compte à qui que ce soit.

Le seul domaine dans lequel ces liens s'expriment est celui du judiciaire, à cause de l'indépendance dont jouit la justice dans le Sanwi.

Et là encore, seuls les cas de litige ou de contentieux sont portés en appel, à la connaissance de l'échelon hiérarchique.

Cette situation n'est pas acceptable aujourd'hui, devant une gestion moderne et de développement.

Elle l'est autant moins que dans le sanwi, l'impulsion du développement vient beaucoup plus de la chefferie traditionnelle que de l'administration territoriale.

Organisation Administrative

La justice est gratuite, mais on dépose obligatoirement une caution aux nzamandwé.

La composition des palabres est en somme une sorte de jury, puisque ce sont les gens du village qui jugent leurs pairs.

Le système monétaire dont nous parlons est celui du 19e et 20e siècle.

Pour les petites sommes, il y avait la manille, ka, monnaie en forme de fer à cheval ou anneau de bronze assez fortement ouvert, alliage de cuivre et d'étain, qui pesait 145 grammes et valait de 22 à 23 centimes. La manille serait d'importation anglaise.

Organisation politique du Royaume Sanwi

Le Roi choisi et élu est le souverain de tout le pays.

Il a sous ses ordres des lieutenants qui descendent, eux aussi, des chefs qui ont accompagné le premier roi et qui étaient ses capitaines de guerre.

Les villages sont groupés sous l'autorité d'un chef et demeurent attachés au lieutenant dont leur fondateur dépendait au moment de l'exode.

La fête des ignames

Elle marque l'entrée dans la nouvelle année chez les Agni et est célébrée dans le canton Affema après celle de Krinjabo, la capitale du royaume Sanwi.

La célébration a lieu après une "semaine sainte" dite "Bê goua monson sô" (invoquons les esprits en langue locale) au cours de laquelle tous les travaux champêtres sont interdits.

Pendant la nuit, aucun bruit ne doit être entendu dans le village et aucune âme vive ne doit se retrouver dehors.

Seuls les initiés, les chefs de famille, les porte-canne, les notables et le "Tounfo hinnin" (premier ministre qui fait office de vice-roi) parcourent le village pour accomplir un rite sacré.

Moment d'intense communion avec les esprits des ancêtres qui veillent sur le canton et le royaume, la fête des ignames commence par l'adoration de la chaise royale, symbole de la souveraineté du peuple Sanwi.

Cette adoration se fait tôt le matin, suivie de celle des sept chaises appartenant aux sept grandes familles qui composent chaque village Agni Sanwi.

Après les libations dans la cour royale, les Agni-Sanwi vêtus de leurs plus beaux habits, de bazin ou de percal blanc, accompagnent leur roi au marigot pour un bain rituel de purification.

Les "Komian" (prêtresses, exorciseuses du mal), toutes de blanc vêtues et badigeonnées de kaolin, font des libations et purifient le village.

Dans ses habits d'apparât, le roi est porté en triomphe et ramené au village. Alors, chacun, à son niveau, peut faire des offrandes (moutons, bœuf, poulet...) à ses fétiches et consommer l'igname.

Les femmes préparent le "Nvoufou" (foutou de banane plantain ou d'igname avec de l'huile de palme) qui est d'abord servi aux esprits et aux fétiches avant les humains.

Les ripailles rivalisent avec les nombreuses danses de réjouissance auxquelles se livre la population à l'occasion de la nouvelle année dans la tradition Agni.

Royaume Baoulé

Le royaume Baoulé (Bouléman) a été fondé au 18e siècle par Famien (reine) Abla Pokou au terme de l'exode qui l'a conduite de l'Empire Ashanti au centre de la Côte d'Ivoire. Baouléman signifie pays ou royaume des Baoulés.

Vers la fin du 17e siècle et au début du 18e siècle, à la suite de multiples guerres entre les tribus Akan du Ghana, et à la suite des conflits dynastiques à l'intérieur du royaume Ashanti à la mort du roi Osei Toutou, des vagues successives de populations ont émigré vers l'ouest de l'autre côté du Kumwin (fleuve Comoé) pour trouver la paix.

« Deux batailles décisives en 1701, la première à Edunku puis à Feyase voient la déroute des armées denkyira.

Malgré la mort tragique du roi Ntim Gyakari, les Denkyira, avec à leur tête Badu Akrafi Brempon, résistent désespérément, mais ce dernier est capturé à son tour par les Ashantis.

La migration denkyira se fera alors de façon massive dans toutes les directions.

Vers Mpoho dans le Wassa, en Akyem et sur la côte.

Une partie importante des migrants passe par les territoires de l'Aowin et du Sefwi pour s'établir définitivement dans le futur Royaume Baoulé.

Cette migration se fera entre 1701 et 1706.

À la suite du décès du roi ou Asantehene Opoku Ware I, Kusi Obodom se fit introniser puis assassina Dako, l'héritier légitime, frère de Abla Pokou.

Le massacre des partisans et parents de la victime va aboutir à la grande division du royaume fondé par Osei Toutou.

C'est ainsi qu'une partie de la population de l'Ashanti, éprise de paix et de justice, conduite par la reine Abla Pokou, s'est installée dans le centre de la Côte d'Ivoire d'aujourd'hui pour fonder le Baoulé.

Sur le chemin d'exil, les Baoulés ont fait escale à Tiassalé où Tano Adjo, une des sœurs de la Reine s'est installée.

Arrivées dans la région de Bouaké, Pokou et sa suite se sont installées à Niamonou dans le N'drannouan.

À sa mort, sa nièce Akwa Boni lui a succédé. Celle-ci a conquis de nouvelles terres, donnant au Baouléman sa configuration géographique actuelle, couvrant environ 30 000 km² et s'étendant de Bouaké à Tiassalé, en passant par Tiébissou, Yamoussoukro, Toumodi, Daoukro et Dimbokro.

Ayant quitté Niamonou, Akwa Boni a créé un village, Walébo (Oualèbo), plus à l'ouest ; à sa mort en 1790 dans le Yaouré, sa dépouille a été ramenée dans le village pour y être inhumée.

Ce village a été rebaptisé Sakassou. Sa région et son peuple ont gardé le nom Walebo (Oualèbo).

Abla Pokou

Abla Pokou ou Abra Pokou est une reine africaine qui, vers 1770, mena le peuple baoulé du Ghana vers la Côte d'Ivoire.

La légende raconte qu'elle aurait sacrifié son fils pour traverser une rivière. Le mot "Baoulé" par lequel on désigne désormais les descendants du peuple qu'elle conduisait provient de l'épisode du sacrifice de son fils unique.

Après l'immolation de son rejeton, elle déclare « Ba-ouli », ce qui signifie « L'enfant est mort », d'où le nom « Baoulé ». Une partie de sa légende s'apparente au Jugement de Salomon.

Née au début du 18e siècle, Abla Pokou était la nièce du roi Osseï Tutu, fondateur de la Confédération Ashanti du Ghana.

À la mort de ce dernier, son neveu lui succéda sur le trône, en vertu de la loi matrilinéaire, c'est-à-dire la loi de succession par lignée maternelle.

En effet, chez les Ashanti, l'enfant issu de la sœur d'un roi défunt a plus de chance de succéder à ce dernier que l'enfant d'un frère dudit roi...

Aussi, au décès du neveu de Osseï Tutu le fils de sa sœur donc, une guerre de succession éclata entre Itsa, un vieil oncle issu de la famille régnante et Dakon, le second frère d'Abla Pokou.

Alors, dans la capitale du royaume, Kumasi, une lutte fratricide s'engagea sans merci, au cours de laquelle Dakon fut tué.

Dès lors, Abla Pokou comprit le terrible sort qui l'attendait, si elle restait. Elle devait donc s'enfuir vers le nord-ouest avec toute sa famille, ses serviteurs, ses soldats fidèles et tous ceux qui se reconnaissaient en elle ou en Dakon.

Sous sa conduite, les fugitifs marchèrent des jours et des nuits, fuyant la guerre.

Ils arrivèrent finalement, exténués, devant le fleuve mugissant de la Comoé, une frontière naturelle entre le Ghana et leur prochaine terre d'accueil, la Côte d'Ivoire.

Mais les pluies hivernales ont gorgé le fleuve, le rendant pratiquement infranchissable.

Et les poursuivants étaient tout proches. Il fallait donc faire très vite pour trouver le moyen de gagner l'autre rive.

Le sacrifice

Bellah, l'autre frère de la reine Abla Pokou, l'avait devancée avec quelques guerriers et une partie de la tribu, en éclaireur dans leur fuite.

Bellah laissait des traces pour que le reste de la tribu puisse les suivre.

Mais devant le fleuve de la comoé, il dut utiliser sa queue de bœuf mystique pour se frayer un passage.

Il frappa trois fois le fleuve, qui se scinda en deux, laissant paraître le chemin de la liberté.

Bellah traversa, suivi de ses guerriers et d'une partie du peuple qui l'avait suivie, puis la comoé se referma.

Le reste du peuple Akan suivait le chemin tracé par Bellah et ses hommes jusqu'à la comoé.

Les ennemis étant à seulement quelques kilomètres d'eux, il fallait vite trouver une solution.

Selon les magiciens de la reine Abla Pokou, le fleuve ne s'apaisera que si le peuple lui donne en offrande ce qu'il a de plus cher.

Aussitôt, les femmes tendirent leurs parures d'or et d'ivoire ; les hommes avancèrent qui leurs taureaux, qui leurs béliers. Les dieux ont refusé ces offres et demandé le sacrifice d'un homme.

Personne ne voulait offrir son enfant en sacrifice.

Dès lors, Abla Pokou comprit qu'aucune offrande venant de ces hommes et femmes ne serait acceptée par le génie des eaux.

Plus grave, la reine elle-même n'avait hélas pas d'enfant pour accomplir ce tragique devoir.

Survint alors sa sœur, qui proposa de donner son unique enfant, la nièce d'Abla Pokou.

On l'habilla de parures dorées, puis la reine prit sa nièce et avança vers le fleuve agité.

La mère de la fillette était en sanglot. Abla Pokou dit ces mots : Pardonne-moi, mais j'ai compris qu'il faut que je te sacrifie pour la survie de notre tribu. Plus qu'une femme ou une mère, une reine est avant tout une reine.

Puis, sous le regard douloureux de ses soldats et serviteurs, et malgré les sanglots déchirants de sa sœur, Abla Pokou sacrifiera l'enfant.

Aucune larme ne jaillit de ses yeux pourtant rougis, aucun tremblement ne secoua son corps pourtant éprouvé !

Sitôt après ce geste irréversible de la reine, les eaux troublées de la Comoé se calmèrent et se retirèrent jusqu'au genou, comme par magie, et toute la tribu franchit le fleuve sans problèmes.

Après la traversée, la reine se retourna et dit : « Bâ wouli », ce qui signifie littéralement : L'enfant est mort. Cette phrase aurait été choisi par la suite comme le nom du nouveau peuple Akan.

L'Empire Kong

L'Empire Kong (1710-1898), aussi connu sous le nom d'Empire Ouattara, était un État musulman pré-colonial d'Afrique situé au nord-est de la Côte d'Ivoire et comprenant une partie du Burkina Faso.

Les origines

La première ébauche d'un véritable État centralisé a émergé dans le cadre du clan Taraweré ou jamou qui a combiné les traditions Mandingues (Malinké) et Sénoufo afin d'étendre leur autorité sur la région environnante.

Grâce à l'alphabétisation due à leur tradition islamique et leur expérience commerciale, ils ont transformé la cité de Kong en un marché international pour les échanges de marchandises du désert du nord (le sel et le tissu) et l'exportation des produits des forêts du Sud (la Kola, l'or et les esclaves).

L'Empire Kong de Sékou Oumar Ouattara

La prospérité de Kong a suscité des convoitises. En 1710, un guerrier dioula connu sous le nom de Sékou Oumar Ouattara (1665-1745) a envahi la région et a conquis la ville à l'aide de sa cavalerie.

Il s'est établi comme fama (roi) et a fait de Kong le centre d'un empire avec une influence régionale.

Il a imposé le Dioula comme langue officielle et l'Islam comme religion d'État.

Il a utilisé des esclaves pour travailler dans la fabrication de tissu et la culture du riz, du mil, du sorgho et du coton.

Il a également amélioré la sécurité le long des routes commerciales avec les méthodes de cavalerie semblables à celles utilisées par l'Empire du Mali trois cents ans plus tôt.

En 1714, l'empire se propage vers le nord avec l'aide du prince Famara Ouattara, frère de Sékou Oumar Ouattara. Il s'empare de la ville de Bobo

Dioulasso et d'une grande partie du Burkina Faso actuel.

Famara fait de Bobo Dioulasso la capitale de la Gwiriko, région qui allait devenir son propre royaume par la suite.

Dans les années 1730, l'Empire Kong était le plus grand État de l'Afrique occidentale au sud du fleuve Niger.

Il s'étendait sur des centaines de kilomètres à l'ouest et au nord et concerne un grand nombre de groupes ethniques islamiques et non islamiques.

Sékou Oumar Ouattara est mort en 1745 et fut remplacé par Koumbi Ouattara.

Sous son règne, Kong est resté un centre commercial et est également devenu un centre d'études islamiques.

La Mosquée du Vendredi de Kong, qui a précédé la dynastie Ouattara de Kong, a attiré les musulmans de tout le Sahel.

Mori Maghari a été couronné fama après Koumbi et a aussi gouverné avec succès.

Kong a eu des échanges avec d'autres États en Côte d'Ivoire, notamment le royaume de Gyaman.

Avec un approvisionnement ininterrompu de commerçants, Kong a envoyé des conseillers et les devins qui étaient essentiels au fonctionnement de la cour royale d'Abron.

Leurs marchands ont pu faire du commerce sans taxes sur leurs produits. Kong a également fourni des troupes à Gyamman pour repousser la Confédération Ashanti à l'est.

Déclin et chute

Après la mort de Fama Maghari en 1800, les famas successifs ont subi la résistance croissante des divers groupes ethniques et religieux de l'empire.

En 1897, Samory Touré envahit et détruit la ville de Kong après que ses dirigeants ont résisté à sa domination et refusé de l'aider dans sa campagne contre la France.

Après la défaite de Samory, Kong a retrouvé son indépendance pendant une brève période, puis est tombé sous la domination coloniale française en 1898.

Kong a été divisé entre deux colonies : la Côte d'Ivoire et la Haute-Volta (actuel Burkina Faso).

La ville de Kong est simplement devenue une petite ville après que le gouvernement français ait fixé le parcours de la ligne ferroviaire la plus proche à 70 km à l'ouest.

Le commerce avec l'Europe et les Amériques

Le continent africain, situé entre l'Europe et les trésors imaginaires de l'Extrême-Orient, est rapidement devenu la destination des explorateurs européens du 15e siècle.

Les premiers Européens à explorer la côte ouest-africaine étaient les Portugais.

D'autres puissances maritimes européennes ont bientôt suivi, et le commerce a été fait avec la plupart des peuples côtiers d'Afrique de l'Ouest.

Dans un premier temps, le commerce inclus l'or, l'ivoire et le poivre, mais l'établissement des colonies américaines au 16e siècle ont stimulé la demande en esclaves ; ce qui a conduit à l'enlèvement et l'asservissement des populations des régions côtières d'Afrique occidentale.

Les dirigeants locaux, en vertu des traités avec les Européens, ont vendu des millions d'africains comme esclaves.

Au milieu du 15e siècle, les contacts commerciaux avec l'Europe ont donné naissance à une forte influence européenne.

La Côte d'Ivoire, comme le reste de l'Afrique de l'Ouest, a été soumise à ces influences, mais l'absence de ports abrités le long de son littoral a empêché les Européens d'établir des postes permanents.

Le commerce maritime était donc irrégulier et a joué un rôle mineur dans la pénétration et la conquête éventuelle par les Européens de la Côte d'Ivoire.

Le commerce des esclaves, en particulier, a eu peu d'effet sur les peuples de la Côte d'Ivoire.

Un commerce lucratif d'ivoire, qui a donné à la région son nom, a été réalisée au cours du 17e siècle, mais il a provoqué une telle baisse du nombre d'éléphants que le commerce a disparu au début du 18e siècle.

Le premier voyage français enregistré en Afrique de l'Ouest a eu lieu en 1483.

La première colonie française d'Afrique de l'Ouest, Saint Louis, a été fondée au milieu du 17e siècle au Sénégal.

Une mission française a été créée en 1687 à Assinie, près de la frontière avec le Ghana et est devenu le premier européen.

La survie d'Assini était précaire, cependant, seulement dans le milieu du 19e siècle que les Français s'installent fermement en Côte d'Ivoire.

En ce moment-là, ils avaient déjà établi des colonies autour de la bouche du fleuve Sénégal et dans d'autres points le long des côtes de ce qui est maintenant le Sénégal, la Gambie et la Guinée-Bissau.

Au 18e siècle, le pays a été envahi par deux groupes Akan, les Agnis, qui occupaient le sud-est et les Baoulés, qui se sont installés dans la partie centrale.

En 1843-1844, l'amiral français Bouët-Willaumez a signé des traités de protectorats avec les rois de Grand Bassam et d'Assini.

Le commerce côtier a stimulé l'intérêt européen le long des deux grands fleuves du Sénégal et du Niger.

En 1840, la France a conclu une série de traités avec les dirigeants ouest-africains locaux pour construire des centres commerciaux.

Les premiers postes ont été construit à Grand-Bassam qui est devenue la première capitale de la colonie.

Les traités prévoyaient la souveraineté française dans les centres commerciaux.

La France a versé annuellement aux dirigeants locaux un impôt pour l'utilisation de la terre.

La France a également voulu maintenir une présence dans la région pour endiguer l'influence des Britanniques en Afrique.

La défaite de la France dans la guerre franco-prussienne (1871) et l'annexion subséquente par l'Allemagne de la province française de l'Alsace-Lorraine ont amené le gouvernement français à abandonner ses ambitions coloniales et retirer ses garnisons militaires en Afrique.

Grand-Bassam a été dirigé par Arthur Verdier, qui en 1878 a été nommé résident.

En 1885, la France et l'Allemagne ont apporté toutes les puissances européennes ayant des intérêts en Afrique ensemble à la Conférence de Berlin.

Son principal objectif était de rationaliser ce qui est devenu connu comme le gâteau européen.

Le prince Otto von Bismarck voulait également un rôle important pour l'Allemagne, dont il pensait qu'il pourrait réaliser en partie en favorisant la concurrence entre la France et la Grande-Bretagne.

L'accord signé par tous les participants en 1885 stipulait que sur la côte africaine seulement les forces européennes seraient reconnues.

Mise en place de la domination française

En 1886, pour étayer ses allégations d'occupation effective, France a encore une fois pris le contrôle direct de ses postes côtiers d'Afrique de l'Ouest et a lancé un programme accéléré d'exploration scientifiques.

En 1887, le lieutenant Louis Gustave Binger a effectué un voyage de deux ans à travers toutes les régions de la Côte d'Ivoire en concluant quatre traités établissant les protectorats français.

En 1887, Marcel Treich-Laplène, a négocié cinq accords supplémentaires qui ont étendu l'influence française à travers Côte d'Ivoire.

À la fin des années 1880, la France avait mis en place ce qui passait pour un contrôle effectif sur les régions côtières de la Côte d'Ivoire et en 1889 la Grande-Bretagne a reconnu la souveraineté française dans la région.

Cette même année, la France a nommé Treich-Laplène gouverneur titulaire du territoire.

En 1893, la Côte d'Ivoire est devenue une colonie française, puis le capitaine Binger a été nommé gouverneur.

De nombreux dirigeants locaux dans les petites communautés isolées ne comprenaient pas ou, plus souvent, ont été induits en erreur par les

Français sur l'importance des traités qui a compromis leur autorité.

D'autres dirigeants locaux, cependant, pensaient que les Français ne pouvaient pas résoudre les problèmes économiques ou devenir des alliés dans l'éventualité d'un conflit avec les voisins.

En fin de compte, la perte de souveraineté par les dirigeants locaux était souvent le résultat de leur incapacité à lutter contre la force militaire française.

Époque coloniale française

La Côte d'Ivoire est officiellement devenue une colonie française le 10 mars, 1893.

Binger, qui avait exploré la frontière avec le Ghana a été nommé premier gouverneur. Il a négocié les traités de la frontière du Libéria avec le Royaume-Uni et plus tard a commencé la campagne contre Samory Touré, un chef Malinké.

La colonisation française a rencontré beaucoup de résistance des populations locales, même dans les zones où les traités de protection avaient été en vigueur.

L'imposition par la France de l'impôt en 1900, visant à permettre la colonie d'entreprendre un programme de travaux publics, a provoqué un certain nombre de révoltes.

Le programme de travaux publics entrepris par le gouvernement colonial ivoirien et l'exploitation des ressources naturelles nécessaires a diminué le chômage.

Les français ont imposé le système de travail forcé en vertu duquel chaque homme devait travailler pendant plusieurs jours dans l'année sans compensation.

Le système a été soumis à une extrême exagération et représente l'aspect le plus négatif de la colonisation française.

Parce que la population ivoirienne était insuffisante pour travailler dans les plantations et les forêts, les Français ont recruté un grand nombre de travailleurs de la Haute-Volta (Burkina Faso).

Cette source de main-d'œuvre était si importante pour l'économie de la Côte d'Ivoire qu'en 1932, l'AOF a annexé une grande partie de la Haute-Volta et de la Côte d'Ivoire comme une seule colonie.

En 1905, les Français ont officiellement aboli l'esclavage dans la plupart des colonies d'Afrique de l'Ouest.

En 1908, Gabriel Angoulvant a été nommé gouverneur de la Côte d'Ivoire.

Angoulvant, qui avait peu d'expérience en Afrique, a estimé que le développement de la Côte d'Ivoire pourrait seulement passer par la conquête énergique de la colonie.

Il embarque donc sur une campagne vigoureuse, l'envoi d'expéditions militaires pour réprimer la résistance.

À la suite de ces expéditions, les dirigeants locaux ont été contraints d'obéir aux lois anti-esclavagistes existantes, de porter les approvisionnements et la nourriture aux forces françaises et d'assurer la protection du commerce et du personnel français.

En retour, les Français ont accepté de laisser les coutumes locales intactes et spécifiquement promis de ne pas intervenir dans le choix des dirigeants.

Ils ont également regroupé les villages et mis en place une administration uniforme dans la plupart de la colonie.

Enfin, ils ont remplacé la coutume par une allocation basée sur la performance.

La politique coloniale française était basée sur les concepts d'Assimilation et d'Association.

L'Assimilation présupposait la supériorité intrinsèque de la culture française sur tous les cultures africaines.

La politique d'association a également affirmé la supériorité des Français dans les colonies, mais il comportait différentes institutions et systèmes de lois pour le colonisateur et colonisé.

En vertu de cette politique, les africains ont été autorisés à conserver leurs propres coutumes dans la mesure où elles étaient compatibles avec les intérêts français.

Une élite indigène a représenté les chefs locaux intermédiaires entre les Français et les Africains.

En 1930, un petit nombre d'occidentalisées ivoiriens ont obtenu le droit de demander la nationalité française.

La plupart des autres ivoiriens ont cependant été classés comme sujets français et ont été régis par le principe de l'association.

En tant que sujets de la France, ils n'avaient pas de droits politiques. En outre, ils ont été utilisés pour le travail dans les mines, dans les plantations, comme porteurs, dans les projets publics, dans l'armée et ont été soumis au code de l'indigénat.

La conférence de Brazzaville en 1944 et la reconnaissance de la première Assemblée constituante de la IVe République en 1946 ont conduit à de profondes réformes gouvernementales.

La citoyenneté française a été accordée à tous les africains, le droit d'organiser politiquement a été reconnu et diverses formes de travail forcé ont été supprimées.

La loi de 1956 (loi cadre) a transféré un certain nombre de pouvoirs de Paris aux gouvernements territoriaux élus en Afrique occidentale française (AOF).

Jusqu'en 1958, les gouverneurs nommés à Paris ont administré la colonie de la Côte d'Ivoire en utilisant un système d'administration centralisée qui a laissé peu de place à la participation ivoirienne dans l'élaboration des politiques locales.

En fait, bien qu'ils étaient fermement opposés aux pratiques d'association, les Ivoiriens instruits croyaient qu'ils allaient atteindre l'égalité avec leurs pairs français par l'assimilation plutôt que par l'indépendance complète de la France, un changement qui permettrait d'éliminer les énormes avantages économiques.

Afrique occidentale française (AOF)

L'Afrique occidentale française (AOF) est une fédération de huit territoires coloniaux français en Afrique : la Mauritanie, le Sénégal, le Soudan français (actuel Mali), la Guinée française, la Côte d'Ivoire, la Haute-Volta (aujourd'hui Burkina Faso), le Dahomey (Bénin) et le Niger.

La capitale de la fédération était Dakar. La fédération a existé de 1895 à 1960.

Histoire

Jusqu'à la fin de la Seconde Guerre mondiale presque tous les africains vivant dans les colonies de la France n'étaient pas des citoyens de la France.

Au contraire, ils étaient des «sujets français», manquant tous les droits devant la loi.

L'exception se trouvait dans les quatre communes du Sénégal : ces zones avaient été les villes de la petite colonie Sénégal en 1848 quand, à l'abolition de l'esclavage par la Deuxième République française, tous les résidents de la France ont obtenu des droits politiques égaux.

Toute personne en mesure de prouver qu'il est né dans ces villes était légalement français.

Ils pouvaient voter aux élections législatives, qui avait été précédemment dominé par les résidents blancs et métis du Sénégal.

Les quatre communes du Sénégal étaient en droit d'élire un député pour les représenter au Parlement français des années 1848-1852, 1871-1876 et 1879-1940.

En 1914, le premier africain, Blaise Diagne, a été élu au Parlement français.

En 1916, Diagne a initié une loi (Loi Blaise Diagne) accordant la pleine citoyenneté à tous les résidents des quatre Communes.

En retour, il avait promis d'aider à recruter des millions d'Africains pour se battre pendant la Première Guerre mondiale.

Par la suite, tous les africains noirs de Dakar, Gorée, Saint-Louis et Rufisque pouvaient voter pour envoyer un représentant à l'Assemblée nationale française.

Les Français ont conquis de vastes zones de généralement régis par des officiers de l'armée française et surnommé «territoires militaires».

À la fin des années 1890, le gouvernement français a commencé à freiner l'expansion territoriale de ses «agents sur le terrain» et a transféré tous les territoires à un seul gouverneur basé au Sénégal, qui relève directement du ministre des Affaires d'outre-mer.

Le premier gouverneur général du Sénégal a été nommé en 1895 et en 1904 et ses territoires ont officiellement été nommés Afrique occidentale française (AOF).

Brazzaville deviendra plus tard le siège de la fédération d'Afrique équatoriale française (AEF).

Après la chute de la France en juin 1940 et les deux batailles de Dakar contre les Forces Françaises Libres en juillet et septembre 1940, les autorités d'Afrique de l'Ouest ont déclaré allégeance au régime de Vichy, tout comme la colonie française de l'AEF.

Alors que ce dernier est tombé à la France libre en novembre 1940, l'Afrique de l'Ouest est restée sous contrôle de Vichy jusqu'au débarquement des alliés en Afrique du Nord en novembre 1942.

Après la Seconde Guerre mondiale, le gouvernement français a commencé un processus d'extension des droits politiques limités dans ses colonies.

En 1945, le gouvernement provisoire français a alloué dix sièges à l'Afrique occidentale française (AOF) dans la nouvelle Assemblée constituante appelée à rédiger une nouvelle Constitution française.

Les élections ont porté au premier plan une nouvelle génération d'Africains français instruits.

Le 21 octobre 1945, six africains ont été élus : les citoyens du Sénégal ont choisi Lamine Guèye, et Léopold Sédar Senghor, Félix Houphouët-Boigny pour la Côte d'Ivoire et la Haute-Volta, Sourou-Migan Apithy pour le Dahomey et le Togo, Fily Dabo Sissoko pour le Soudan et le Niger, et Yacine Diallo pour la Guinée.

Ils étaient tous réélu à la 2ème Assemblée constituante le 2 juin 1946.

En 1946, la Loi Lamine Guèye a accordé certains droits aux indigènes des colonies africaines.

L'Empire français a été rebaptisé l'Union française le 27 octobre 1946, lorsque la nouvelle constitution de la IVe République française a été établie.

À la fin de 1946, sous cette nouvelle constitution, chaque territoire a été pour la première fois (à l'exception des Quatre Communes) représenté par des élus locaux.

Ces organes élus avaient seulement des pouvoirs consultatifs, bien qu'ils aient le pouvoir d'approuver les budgets locaux.

La loi cadre du 23 juin 1956 a organisé des élections dans toutes les colonies françaises d'Afrique.

Les premières élections au suffrage universel en Afrique occidentale française (AOF) étaient les élections municipales de fin 1956.

Le 31 mars 1957, au suffrage universel, les élections des Assemblées territoriales ont eu lieu dans chacune des huit colonies. Les dirigeants des partis gagnants ont été nommés aux postes nouvellement institués de vice-président des conseils d'administration respectifs. Mais les gouverneurs coloniaux français sont restés les présidents.

En 1958, la Constitution de la Ve République française a changé la structure des colonies de l'Union française à la Communauté française.

Chaque territoire devait devenir un «protectorat», avec une assemblée consultative nommée Assemblée nationale.

Le gouverneur nommé par les français a été rebaptisé «Haut Commissaire».

L'Assemblée nommerait les africains en tant que chef du gouvernement avec des pouvoirs consultatifs du chef de l'Etat.

Légalement, la fédération a cessé d'exister après le référendum de 1958.

Toutes les colonies sauf la Guinée ont voté OUI pour rester dans la nouvelle structure.

Les guinéens ont voté massivement pour l'indépendance.

En 1960, une nouvelle révision de la Constitution française, contraint par l'échec de la guerre d'Indochine et des tensions en Algérie, a permis aux membres de la Communauté française de modifier leurs propres constitutions.

Le Sénégal et l'ancien Soudan français sont devenus la Fédération du Mali (1960-1961) et la Côte d'Ivoire, le Niger, la Haute-Volta et le Dahomey ont formé le Conseil de l'Entente.

Les modifications territoriales

La structure administrative coloniale française en Afrique de l'Ouest a été marquée par la variété et le flux.

Tout au long de l'histoire de l'AOF, les colonies individuelles et les territoires militaires ont été réorganisés de nombreuses fois.

La Mauritanie et le Niger sont resté hors de la fédération jusqu'en 1940 parce qu'ils étaient des territoires militaires directement contrôlés par l'armée française.

La fin de la Seconde Guerre mondiale et l'adoption de la Loi Cadre de 1956 ont radicalement restructuré l'administration des colonies.

Structure fédérale

En théorie, le gouverneur général de l'AOF relevait directement du ministre des Colonies à Paris, alors que les colonies et les territoires ont été contrôlés par Dakar.

Créé à l'origine en 1895 comme une union du Sénégal, du Soudan français, de la Guinée française et de la Côte d'Ivoire, la fédération a été placée sur une base permanente en 1904.

Un gouverneur général était d'abord basé à Saint-Louis, puis à Dakar en 1902 (le Sénégal est la plus ancienne colonie française). L'AOF s'est ensuite étendu aux territoires français voisins : le Dahomey a été ajouté en 1904, après avoir été mis sous tutelle coloniale en 1892; la Mauritanie en 1920 et lorsque la Haute-Volta a été divisé à partir du Soudan français par décret colonial en 1921, elle a également été automatiquement inscrite dans l'AOF.

Entre 1934 et 1937, le Togo a été placé sous le mandat de la Société des Nations (SDN) mais entre la saisie par l'Allemagne pendant la Première guerre mondiale et l'indépendance, il a été administré par l'AOF.

En 1904, à la fois la Mauritanie et le Niger ont été classés comme «territoires militaires» : gouverné par l'AOF en collaboration avec les agents des forces coloniales françaises.

L'administration coloniale

Chaque colonie de l'Afrique occidentale française (AOF) a été administré par un lieutenant-gouverneur, responsable devant le gouverneur général à Dakar.

Seul le gouverneur général recevait les ordres de Paris, par l'intermédiaire du ministre des Colonies.

Le ministre, avec l'approbation de l'Assemblée nationale française, choisissait les Lieutenants Gouverneur et les Gouverneurs Généraux.

Gouverneurs Généraux

Du 16 juin 1895 au 1 novembre 1900 : Jean-Baptiste Émile Louis Barthélémy Chaudié, gouverneur général

Du 1 novembre 1900 au 26 janvier 1902 : Noël Eugène Ballay, gouverneur général

Du 26 janvier 1902 au 15 mars 1902 : Pierre Paul Marie Capest, gouverneur général

Du 15 mars 1902 au 15 décembre 1907 : Ernest Roume, gouverneur général

Du 15 décembre 1907 au 9 mars 1908 : Martial Henri Merlin, gouverneur général

Du 9 mars 1908 au 13 juin 1915 : Amédée William Merlaud-Ponty, gouverneur général

De janvier 1912 à août 1912 : Marie François Joseph Clozel, gouverneur général

Du 14 juin 1915 au 3 juin 1917 : Marie François Joseph Clozel, gouverneur général

Du 3 juin 1917 au 22 janvier 1918 : Joost van Vollenhoven, gouverneur général

Du 22 janvier 1918 au 30 juillet 1919 : Gabriel Louis Angoulvant, gouverneur général

Du 30 juillet 1919 au 16 septembre 1919 : Charles Désiré Auguste Brunet, gouverneur général

Du 16 septembre 1919 au 18 mars 1923 : Martial Henri Merlin, gouverneur général

Du 18 mars 1923 au 15 octobre 1930 : Jules Gaston Henri Carde, gouverneur général

Du 15 octobre 1930 au 27 septembre 1936 : Joseph Jules Brévié, gouverneur général

Du 27 septembre 1936 au 14 juillet 1938 : Marcel de Coppet, gouverneur général

Du 14 juillet 1938 au 29 octobre 1938 : Léon Geismar, gouverneur général

Du 29 octobre 1938 au 10 août 1939 : Pierre François Boisson, gouverneur par intérim

Du 10 août 1939 au 25 juin 1940 : Léon Henri Charles Cayla, gouverneur général

Du 25 juin 1940 au 13 juillet 1943 : Pierre François Boisson, gouverneur général

Du 13 juillet 1943 au 2 avril 1946 : Pierre Charles Cournarie, gouverneur général

De mai 1946 au 27 janvier 1948 : René Victor Marie Barthès, gouverneur général

Du 27 janvier 1948 au 24 mai 1951 : Paul Béchard, gouverneur général

Du 24 mai 1951 au 21 septembre 1952 : Paul Louis Gabriel Chauvet, gouverneur général

Du 21 septembre 1952 au 5 juillet 1956 : Cornut-Gentille Bernard, gouverneur général

Du 5 juillet 1956 au 4 avril 1957 : Gaston Custin, gouverneur général

Du 4 avril 1957 à Juillet 1958 : Gaston Custin, Haut Commissaire

De juillet 1958 au 22 décembre 1958 : Pierre Messmer, Haut Commissaire

Grand Conseil de l'Afrique Occidentale Française

A partir de 1946, un Grand Conseil de l'Afrique occidentale française a été créé à Dakar entre les deux représentants de chaque colonie, généralement le lieutenant-gouverneur et un représentant de la population. Ce conseil n'avait que des pouvoirs consultatifs. Le fonctionnement de ces organes reposait sur le code juridique de l'indigénat de 1885.

L'administration locale

Malgré cet état de flux, et à l'exception des communes sénégalaises, la structure administrative française est restée constante, basé sur le système de Cercle.

Ce fut la plus petite unité de l'administration politique française en Afrique qui a été dirigé par un officier européen.

Ainsi, un commandant de Cercle pourrait être l'autorité absolue de centaines de milliers d'Africains.

Cercles

Un Cercle se composait de plusieurs cantons, dont chacun à son tour, se composait de plusieurs villages, et était presque universelle dans les colonies africaines de la France de 1895 à 1946.

Le commandant de Cercle a été soumis à l'autorité d'un chef de district et du gouvernement de la colonie, mais était indépendant militairement (par exemple le Niger et la Mauritanie avant à la seconde guerre mondiale).

Le commandant de Cercle, le Chef de canton et du Village étaient nommés par les français. Ils ont fait usage d'un grand nombre de fonctionnaires, employés et officiers africains avec des unités militaires détachés à leur disposition et des sous-administrateurs tels que les inspecteurs commerciaux, etc…

En raison de la pratique administrative et l'isolement géographique, le commandant de Cercle avait le pouvoir sur la vie économique et politique de leurs territoires.

Légalement, tous les africains en dehors des quatre communes du Sénégal étaient des «sujets» dans le cadre du code juridique de l'indigénat de 1885.

Ce code a donné des pouvoirs sommaires aux administrateurs français, y compris les droits d'arrêter, punir et emprisonner des sujets.

Il a également donné aux collectivités locales françaises le droit de réquisitionner le travail forcé, généralement limitée aux hommes valides pour quelques semaines par an.

Chaque nouveau commandant de Cercle pouvait bien apporter avec lui de vastes projets de développement et la restructuration de la vie des gens qu'il gouvernait.

Les Chefs (de Canton et du village)

Un autre fonctionnaire officielle particulier à l'administration locale de l'Afrique occidentale française (AOF) était le «chef».

Ceux-ci étaient des africains nommés par les autorités françaises pour leur fidélité à la France, quels que soient leurs droits sur le pouvoir local.

Ces chefs ont dirigé des territoires en fonction de des structures tribales.

Ils ont été décorés Chefs de canton et Chefs du Village, assimilées par l'ensemble de la structure française parce que les territoires étaient souvent divisés en petites chefferies.

Les élites qui travailleraient avec les Français, ont été maintenues. Le Sultan d'Agadez est un exemple de "Chef de canton".

Mais même ces dirigeants ont été remplacés par des individus triés sur le volet par les autorités françaises.

Quelle que soit l'origine, les chefs ont obtenu le droit d'armer un petit nombre de gardes, de percevoir les impôts, de recruter les hommes pour le travail forcé et d'appliquer la coutume africaine.

En général, les chefs de canton ont servi à la demande de leur commandant de Cercle.

Géographie

Avec une superficie de 4.689.000 kilomètres carrés (principalement désertique ou semi-désertique en Mauritanie, au Soudan et au Niger) se prolongeant à partir du point le plus occidental de l'Afrique dans les profondeurs du Sahara, la fédération contenait plus de dix millions d'habitants à sa création et quelque 25 millions lors de sa dissolution.

L'AOF inclus tous de la vallée du fleuve Sénégal, la majeure partie de la vallée du fleuve Niger et la plupart de la région du Sahel ouest-africaine.

Elle comprenait également les forêts tropicales de la Côte d'Ivoire, les hauts plateaux du Fouta Djallon en Guinée et les montagnes du Niger.

Territoires

Côte d'Ivoire

Dahomey (actuellement Bénin)

Soudan français (actuellement Mali)

Guinée

Mauritanie

Niger

Sénégal

Haute-Volta (actuellement Burkina Faso)

L'Indépendance

En décembre 1958, la Côte d'Ivoire est devenue une république autonome au sein de la Communauté française à la suite d'un référendum qui a changé de statut à tous les membres de l'ancienne Fédération d'Afrique occidentale française (AOF), sauf la Guinée, qui avait voté contre.

Le 11 juillet 1960, la France a accepté de donner l'indépendance à la Côte d'Ivoire. La Côte d'Ivoire est devenue indépendant le 7 août 1960 et a établi la ville commerciale d'Abidjan comme capitale.

L'histoire politique contemporaine de la Côte d'Ivoire est étroitement associée à la carrière de Félix Houphouët-Boigny, le Président de la République et chef du Parti démocratique de la Côte d'Ivoire (PDCI) jusqu'à sa mort le 7 décembre 1993.

Il a été l'un des fondateurs du Rassemblement démocratique africain (RDA), le principal parti politique panafricain avant l'indépendance de tous les territoires d'Afrique française à l'exception de la Mauritanie.

Houphouët-Boigny est venu en politique en 1944 en tant que fondateur du Syndicat Agricole Africain, une organisation qui a donné de meilleures conditions pour les agriculteurs africains.

Après la Seconde Guerre mondiale, il a été élu par une marge étroite à la première Assemblée constituante.

Représentant de la Côte d'Ivoire à l'Assemblée nationale française de 1946 à 1959, il a consacré une grande partie de ses efforts à l'organisation politique interafricain et en outre l'amélioration des conditions de travail.

Après son service de treize ans à l'Assemblée nationale française, y compris près de trois ans en tant que ministre dans le gouvernement français, il est devenu le premier Premier ministre de la Côte d'Ivoire en avril 1959 et l'année suivante son premier Président.

En mai 1959, Houphouët-Boigny a renforcé sa position comme une figure dominante en Afrique occidentale en menant la Côte d'Ivoire, le Niger, la Haute-Volta (Burkina Faso) et le Dahomey (Bénin) dans le Conseil de l'Entente, une organisation régionale favorisant le développement économique.

Il a soutenu que la solidarité africaine était possible grâce à la coopération économique et politique, en reconnaissant le principe de non-intervention dans les affaires intérieures des autres.

Houphouët-Boigny était beaucoup plus conservateur que la plupart des dirigeants africains de la période post-coloniale, le maintien des liens étroits à l'ouest en rejetant la position de gauche et anti-occidentale de nombreux dirigeants à l'époque.

Cela a contribué à la stabilité économique et politique du pays.

La Côte d'Ivoire après l'Indépendance

Le 4 décembre 1958, la Côte d'Ivoire est devenue un Etat membre au sein de la Communauté française. Le 7 août 1960, la Côte d'Ivoire obtient son indépendance de la France et Félix Houphouët-Boigny devient le premier président après l'indépendance.

La politique de Félix Houphouët-Boigny contre les dirigeants postcoloniaux des autres pays africains était plus pro-occidentale.

Houphouët-Boigny a maintenu des bonnes relations avec l'Europe de l'Ouest alors que de nombreux autres dirigeants se sont tournés vers le camp communiste.

Après l'indépendance, Houphouët-Boigny a maintenu une relation étroite avec la France.

La Côte d'Ivoire avait une communauté expatriée française en pleine croissance. Outre les questions économiques, la coopération avec la France a également été établi dans les questions militaires. Houphouët-Boigny a examiné la présence permanente de la force française comme une protection qui a garanti la sécurité du pays.

Houphouët-Boigny a maintenu un régime de parti unique.

Cependant, il employait souvent des tactiques directes plus douces pour maintenir son pouvoir et sa dictature.

Il gagnait ses adversaires politiques en les amenant dans sa formation politique, offrant des compromis, une coopération, etc…

Cependant, l'activité politique a été interdite, sauf pour son propre parti, le Parti démocratique de Côte d'Ivoire (PDCI).

Félix Houphouët-Boigny avait gagné toutes les élections présidentielles depuis l'indépendance jusqu'à sa mort en 1993.

Sous son gouvernement, la Côte d'Ivoire est devenue la plus grande puissance économique de l'Afrique francophone. La Côte d'Ivoire est devenue l'un des plus grands producteurs de café et de cacao dans le monde.

En 1955, la Caisse de stabilisation et de Soutien des Prix Agricoles a été créée pour contrôler les prix du café et du cacao.

Au début des années 1980, la Côte d'Ivoire avait l'un des revenus par habitant les plus élevés d'Afrique subsaharienne sans la production du pétrole.

C'est le "miracle ivoirien".

Cependant, dans les années 1980, les prix du café et du cacao ont chuté.

Equipé d'un fond pour stabiliser les prix, le gouvernement a promis de payer les agriculteurs ne vendent pas suffisamment leurs produits.

Cependant, les prix ont continué à baisser et le fond a rapidement diminué, les subventions aux agriculteurs ont dû être coupés et la dette extérieure de la Côte d'Ivoire a augmenté.

Comme les revenus ont baissé, le gouvernement a été contraint d'ajuster son économie.

Le financement du gouvernement a été coupé dans de nombreux domaines, en particulier dans l'éducation.

Les protestations menées par les fonctionnaires et les étudiants ont forcé le gouvernement à organiser des élections et adopter le système du multipartisme en 1990.

Les deux principaux partis politiques pendant les élections de 1990 était le Front populaire ivoirien (FPI) fondé par Laurent Gbagbo et le PDCI.

Houphouët-Boigny a remporté la première élection présidentielle multipartite en 1990, avec plus de 80% des voix. Cependant, il est mort peu de temps après, en 1993.

Les Conférences nationales en Afrique francophone

Après la chute du Mur de Berlin (le rideau de fer : la frontière symbolique entre l'Europe, les États-Unis et les États européens placés sous influence soviétique) le 9 novembre 1989 et le départ des puissances coloniales, les africains ont décidé d'adopter un système politique démocratique.

Les africains étaient chargés de mettre en ordre leurs pays qui n'existaient même pas avant la colonisation.

Éduqués à la métropole, les africains ont adopté le modèle de l'État occidental dans la plupart de pays postcoloniaux.

Les principes de domination continuaient après la décolonisation, avec la bourgeoisie gouvernant la grande masse.

Le système imparfait résultant de la colonisation a fait retomber beaucoup de pays africains en état de nature, ce qui les a conduits à une crise politique et ensuite économique.

Les leaders des conférences nationales savaient exactement ce qu'ils ne voulaient pas faire, mais ils manquaient d'idées positives pour créer des gouvernements démocratiques.

Sans conception des lois précises, ils avaient au moins des conditions et des principes à suivre, nécessaires pour donner une crédibilité au gouvernement.

Les régimes postcoloniaux manquaient de crédit institutionnel, ce qui a complètement déstabilisé la région.

La crise qui précède les conférences nationales s'est produite à cause de la méfiance envers les institutions.

Le but de ces conférences est de sortir du chaos et de fonder des gouvernements représentants la population entière.

Entre février 1990 et août 1991, le gouvernement du Bénin, suivis par les gouvernements du Gabon, du Congo, du Mali, du Togo, du Niger et du Zaïre ont organisé leurs propres conférences nationales à la suite des demandes des forces pro-démocratiques.

Au cours de cette période, les groupes d'opposition en République Centrafricaine (RCA), au Cameroun, en Madagascar, au Burkina Faso, en Mauritanie, et plus tard au Tchad ont demandé des conférences nationales, avec les résultats variés.

Aussi longtemps que l'on a pu, les autocrates assiégés ont résisté aux conférences nationales qui ont été recensées.

L'institution des conférences nationales est connue comme un instrument vers la transition démocratique.

La transition se fait par les réformes politiques qui rendent possible la passation pacifique du pouvoir.

Dans certains cas, les anciens régimes ont conservé le pouvoir pour manipuler la conférence ou frauder pendant les élections.

Même quand ils sont organisés de vraies conférences nationales souveraines, des problèmes surgissaient.

Un grand problème général est celui du manque d'innovation.

Les délégués des conférences ont écrit des constitutions très similaires basées sur le modèle de la constitution française de 1958.

L'adoption des constitutions mal adaptées aux contextes particuliers de chaque pays est un handicap majeur pour la démocratisation.

De plus, l'idée d'une conférence nationale souveraine comme instrument pour le changement de régimes existe dans les théories de Jean-Jacques Rousseau du contrat social.

Les États-Généraux de 1789 ont mis en pratique cette théorie, et il est remarquable de noter que les conférences nationales ont été un élément central de la transition à la démocratie seulement dans les pays africains francophones, Héritage colonial.

Des nouveau Premiers ministres «technocrates» sont mis en place dans beaucoup de pays dans le but de réparer les économies défectueuses. Edem Kodjo du Togo, Nécephore Soglo du Bénin,

Alassane Ouattara de la Côte d'Ivoire et André Milongo de la République du Congo.

Quelques-uns ont été élus présidents après la période transitoire, mais la deuxième vague d'élections au milieu des années 90 a ramené des politiciens amoureux du pouvoir.

Par ailleurs, les conférences sont trop concentrées sur l'abrogation des anciens régimes mais pas assez sur la création d'un nouveau régime démocratique.

Les trois missions sont l'abrogation du système constitutionnel antérieur dictatorial ou totalitaire, en matière de réglementation de la période transitoire et l'adoption d'un nouveau système constitutionnel démocratique.

Les délégués n'ont pas assez d'accent sur ce point.

La négligence est manifestée dans les directives trop vagues concernant les fondements de la future Constitution : laïcité et unité de l'État, démocratie multipartite, régime semi-présidentiel, et autres.

La création du processus démocratique a été complétée et établie au Bénin et au Mali.

Le manque de réformes progressistes a créé un besoin de nouvelles réformes durables. Il faut y assister pour voir la suite de ces conférences qui se sont récemment déroulées.

Du 19 au 28 février 1990 : Conférence Nationale de Bénin

Les délégués déclarent la souveraineté de la conférence, l'Assemblée nationale et la destitution du président Kérékou, un général de l'armée.

Les délégués élisent Nicephore Soglo, Ancien fonctionnaire international de la Banque mondiale, Premier ministre du gouvernement de transition. Ils préparent les premières élections multipartistes depuis l'indépendance.

Du 1 mars au 19 avril 1990 : Conférence Nationale du Gabon

Le Président Bongo organise une conférence nationale, suivant le modèle du Bénin. Il introduit le multipartisme en avril, mais la conférence ne devient pas souveraine et Bongo le contrôle. Les élections sont prévues pour octobre 1990.

Du 25 février au 10 juin 1991 : Conférence Nationale du Congo

Les délégués déclarent la souveraineté de la conférence et destituent le Président Denis Sassou Nguesso.

Ils ont choisi André Milongo, ancien administrateur de la Banque africaine de développement, comme le nouveau Premier ministre du gouvernement de transition qui a préparé les élections multipartistes.

En août 1991 : Conférence Nationale du Mali

Le Général Moussa Traoré avait déjà été évincé en mars précédant et remplacé par un conseil militaire dirigé par le lieutenant-colonel Amadou Touré.

Soumana Sacko, l'ancien économiste du PNUD, devient Premier ministre par intérim pendant que les délégués organisent une assemblée constituante où ils adoptent une nouvelle constitution, un code d'élections et une charte pour les partis politiques.

Les élections sont prévues pour février 1992.

Du 8 juillet au 28 août 1991 : Conférence Nationale de Togo

Le Président Général Eyadema accepte la rédaction d'une nouvelle constitution et autorise les élections présidentielles multipartistes en juin 1992. Joseph Kokou Koffigoh, avocat des droits de l'homme, est élu Premier ministre.

Du 29 juillet à novembre 1991 : Conférence Nationale du Niger

Les délégués déclarent la souveraineté de la conférence et prennent le pouvoir du général Ali Saibou lui laissant ses fonctions honorifiques de président.

Ils suspendent la constitution et l'Assemblée Nationale, et fixent les élections présidentielles pour 1993.

Cheiffou Amadou, un technocrate de l'Organisation de l'Aviation Civile Internationale, est élu Premier ministre par intérim.

Du 7 août 1991 au 17 mars 1993 : Conférence Nationale du Zaïre

La conférence est suspendue à la suite des plaintes de l'opposition accusant le président Mobutu de contrôler la procédure, mais elle reprend le 12 décembre 1991.

L'archevêque Monsengwo Pasinya est élu président de la conférence.

Puis, Mobutu suspend la conférence jusqu'à avril 1992, mais elle recommence sous la pression des pays donateurs et du Vatican.

La conférence se déclare souveraine, conserve Mobutu à la tête de l'État pendant la période de transition et élit Étienne Tshisekedi Premier ministre.

Mobutu a continué à enfreindre les décisions de la conférence et le 17 mars 1993, il nomme

Faustin Birindwa comme le nouveau Premier ministre.

Du 15 janvier à mars 1993 : Conférence Nationale du Tchad

La conférence se réunit après la signature par le Président Déby d'un contrat de la gestion de la politique économique et fiscale aux conseillers français. La conférence déclare sa souveraineté, mais Déby se maintient au pouvoir.

Le Coup d'état militaire de 1999

Le coup d'Etat militaire a eu lieu le 24 décembre 1999. C'est le premier coup d'état depuis l'indépendance de la Côte d'Ivoire et a conduit à la chute du Président Henri Konan Bédié.

Depuis l'indépendance en 1960, la Côte d'Ivoire avait été dirigée par Félix Houphouët-Boigny.

Durant les premières décennies de son règne, la Côte d'Ivoire a connu la prospérité économique et le pays était aussi politiquement stable.

Cependant, les dernières années de son règne ont vu le ralentissement de l'économie ivoirienne et des signes d'instabilité politique.

Henri Konan Bédié est devenu président après la mort d'Houphouët-Boigny en 1993.

La situation économique continuait de se détériorer.

Bédié a été accusé de corruption, répression politique et de tribalisme en annulant les droits politiques des immigrants des pays voisins par la promotion du concept d'ivoirité, qui mettait en doute la nationalité de nombreuses personnes d'origine étrangère.

Cette politique a provoqué des tensions entre les originaires du nord de la Côte d'Ivoire et les habitants du sud.

Un groupe de soldats dirigés par Tuo Fozié se révolta le 23 décembre 1999.

Refusant d'annuler le concept d'ivoirité à la demande des populations du nord, Bédié a été renversé par un coup d'État le lendemain.

Ancien chef de l'armée et déjà à la retraite, le général Robert Guéï a été nommé en tant que chef du Comité National de Salut Public (CNSP).

Plusieurs coups de feu ont été entendus autour d'Abidjan.

Guéï a annoncé la dissolution du Parlement, de l'ancien gouvernement, du Conseil constitutionnel et de la Cour suprême.

Les rebelles ont pris le contrôle de l'aéroport d'Abidjan et des principaux ponts, mis en place des points de contrôle et ouvert les portes de la prison pour libérer les prisonniers politiques et d'autres détenus.

Certaines parties d'Abidjan ont également été pillées par les soldats et les civils.

Quelques heures après les violence, Guéï a annoncé qu'il avait pris le pouvoir à la télévision ivoirienne et que la démocratie serait respectée, les accords internationaux maintenus, la sécurité des ivoiriens et non ivoiriens garantie, les missions à l'étranger envoyés pour expliquer les raisons du coup d'Etat et les problèmes des agriculteurs abordés.

Beaucoup d'Ivoiriens ont salué le coup d'Etat, en disant qu'ils espéraient que l'armée améliore les conditions économiques et politiques instables de la Côte d'Ivoire.

Cependant, la France, les États-Unis et plusieurs pays africains ont condamné le coup d'Etat et appelé à un retour au régime civil.

Le Canada a suspendu son aide directe à la Côte d'Ivoire.

La Ligue ivoirienne des Droits de l'Homme a condamné les violations des droits de l'homme en accusant les forces militaires.

En outre, les soldats ont demandé l'augmentation des paiements de salaire ou de primes, ce qui a provoqué de nombreuses mutineries.

La plus grave de ces mutineries a eu lieu le 4 juillet 2000. Les mutins ont ciblé les villes d'Abidjan, Bouaké, Katiola, Korhogo et Yamoussoukro en particulier.

Après quelques jours de confusion et de tension, un accord a été conclu entre les soldats mécontents et les autorités.

En vertu de l'accord, chaque soldat recevrait 1 million de francs CFA.

Après la mutinerie de juillet 2000, quatre fonctionnaires du Rassemblement des républicains (RDR) ont été arrêtés au cours d'une enquête sur une tentative de coup d'Etat.

Le RDR est le parti d'Alassane Dramane Ouattara, le dernier Premier ministre de Félix Houphouët-Boigny et le rival politique de l'ancien président déchu Henri Konan Bédié.

Les quatre fonctionnaires arrêtés, dont Amadou Gon Coulibaly, le Secrétaire général adjoint du RDR, ont été libérés sans inculpation quelques jours plus tard.

Malgré la dénonciation par le RDR de l'ivoirité, la campagne contre les personnes d'origine étrangère a continué.

En avril 2000, Robert Guéï a expulsé les représentants du RDR du gouvernement.

Une nouvelle Constitution approuvée par référendum le 23 juillet 2000 interdit tous les candidats à la présidence de la République dont les parents n'étaient pas ivoiriens. Ouattara a été disqualifié de cette élection présidentielle de 2000.

La tension entre le nord et le sud est restée en suspens parce que beaucoup de nordistes sont d'origine étrangère.

La discrimination envers les personnes originaires des pays voisins est l'une des causes de la guerre civile ivoirienne qui a éclaté en 2002.

Une élection présidentielle a eu lieu le 22 octobre 2000.

Tous les principaux candidats de l'opposition à l'exception de Laurent Gbagbo du Front populaire ivoirien (FPI), ont été empêchés de se présenter.

Guéï a été battu par Gbagbo mais a refusé de reconnaître le résultat.

Ouattara, exclu de cette élection, a appelé à une nouvelle élection.

Les manifestations des jeunes ont éclaté pour maintenir Gbagbo le nouveau président élu et Guéï a fui à Gouessesso, près de la frontière libérienne.

Laurent Gbagbo a pris ses fonctions en tant que président, le 26 octobre 2000.

Le 13 novembre, Guéï a reconnu la légitimité de la présidence de Gbagbo.

Le 10 décembre 2000, les élections législatives ont été organisées et remportées par le Front populaire ivoirien (FPI) de Gbagbo.

Toutefois, l'élection n'a pas eu lieu au nord de la Côte d'Ivoire en raison des troubles liés au boycott du RDR.

La Guerre civile ivoirienne

La guerre civile ivoirienne a commencé en 2002.

Bien que la plupart des combats se terminant à la fin de 2004, le pays est resté divisé en deux, avec un nord musulman rebelle et un gouvernement tenu par un sud chrétien.

Les raids contre les troupes étrangères avaient augmenté et les militaires français ont échoué à calmer la guerre civile.

L'équipe nationale de football de la Côte d'Ivoire a tenté de promouvoir une paix temporaire en se qualifiant pour la Coupe du Monde de la FIFA en 2006.

L'Opération des Nations Unies en Côte d'Ivoire a commencé après la guerre civile, mais les casques bleus ont fait face à une situation compliquée et étaient moins nombreux que les militaires et les rebelles.

Un accord de paix pour mettre fin au conflit a été signé le 4 mars 2007.

Les élections ivoiriennes ont eu lieu en octobre 2010 après avoir été retardée six fois.

Les combats ont repris le 24 février 2011 avec des affrontements à Abidjan (Abobo) et Yamoussoukro.

Nature du conflit

La guerre civile tourne autour d'un certain nombre de questions, notamment :

La fin du pouvoir de Félix Houphouët-Boigny a forcé la nation vers le processus démocratique pour la première fois.

Houphouët-Boigny avait été président depuis l'indépendance du pays et le système politique de la nation avait été étroitement liée à son charisme personnel et aux compétences de sa politique économique.

Le système politique a été contraint de faire face à des élections démocratiques, compétitives et sans Houphouët-Boigny.

Le grand nombre d'étrangers en Côte d'Ivoire et les ivoiriens d'origine étrangère ont créé une question importante sur le droit de vote.

26% de la population était d'origine étrangère, en particulier du Burkina Faso, un pays plus pauvre.

Beaucoup d'entre eux avaient été des citoyens ivoiriens depuis deux générations ou plus, et certains d'entre eux, de l'Empire Mandingue, peut être considéré comme originaire de la partie nord de la Côte d'Ivoire.

Ces tensions ethniques ont été supprimées sous le pouvoir d'Houphouët-Boigny, mais refont surface après sa mort.

L'ivoirité qui a été inventé par Henri Konan Bédié pour désigner l'identité culturelle de tous ceux qui vivent en Côte d'Ivoire a été utilisé par les nationalistes pour représenter uniquement la population de la partie sud-est du pays, en particulier Abidjan.

La discrimination envers les burkinabés augmente une migration massive de réfugiés.

Un ralentissement économique en raison d'une détérioration des termes de l'échange a aggravé les problèmes culturels et politiques.

Le chômage a forcé une partie de la population urbaine de retourner dans les champs, qui avaient déjà été exploités par la population d'origine étrangère, en particulier du Burkina Faso.

Les tensions culturelles et politiques

La violence a été dirigée contre les étrangers.

La prospérité de la Côte d'Ivoire avait attiré de nombreux africains de l'Afrique de l'Ouest qui en 1998 ont constitué 26% de la population, dont 56% étaient Burkinabés.

Devant cette atmosphère de tension raciale croissante, la politique d'Houphouët-Boigny octroyait la nationalité aux résidents Burkinabés de la Côte d'Ivoire pour éviter la division.

En 1995, les tensions sont devenues violentes quand les Burkinabés ont été tués dans les plantations à Tabou lors des émeutes ethniques.

La violence ethnique avait déjà existé entre les propriétaires de terres et leurs partenaires étrangers en particulier dans la partie ouest du pays, entre les Bétés et les Baoulés.

Depuis l'indépendance, les habitants du centre du pays, les Baoulés, ont été encouragés à se déplacer vers les terres fertiles de l'ouest et du sud-ouest du pays où ils ont cultivé le cacao et le café.

Éléments catalyseurs du conflit

L'élément catalyseur du conflit était la loi rapidement rédigée par le gouvernement et approuvé par un référendum immédiatement avant les élections de 2000.

Cette loi obligeait que le candidat à la présidentiel soit né de père et de mère ivoirienne.

L'exclusion d'Alassane Ouattara, candidat à la présidentielle originaire du nord était clairement inévitable.

Ouattara représentait le nord majoritairement musulman, en particulier les pauvres immigrés du Mali et du Burkina Faso qui travaillaient dans les plantations de café et de cacao.

Début de la guerre civile

Le 19 septembre 2002, les soldats, dont beaucoup originaires du nord du pays, ont lancé des attaques dans de nombreuses villes, y compris Abidjan.

A midi, ils avaient le contrôle du nord du pays.

Les soldats exigeaient le changement de la constitution (pour se présenter aux élections présidentielles), les droits de vote et leur représentation au sein du gouvernement à Abidjan.

Dans la première nuit de l'insurrection, l'ancien président Robert Guéi a été tué.

Le gouvernement a dit qu'il était lors d'une tentative de coup d'Etat et la télévision ivoirienne a montré les images de son corps dans la rue.

Cependant, plusieurs témoins ont affirmé que son corps avait été déplacé après sa mort et qu'il avait effectivement été assassiné à son domicile avec toute sa famille.

Alassane Ouattara se réfugie à l'ambassade française parce que sa maison a été incendiée.

Les attaques ont été lancées presque simultanément dans la plupart des grandes villes; les forces gouvernementales ont maintenues le contrôle d'Abidjan et du sud, mais les forces rebelles avaient déjà pris du nord et de Bouaké.

Laurent Gbagbo a considéré que le Burkina Faso, comme le soutien de la rébellion.

La France a souhaité la réconciliation, mais le gouvernement de Gbagbo a voulu la faire la guerre avec les rebelles.

Finalement, la France a envoyé 2500 soldats pour installer la paix et a demandé l'aide de l'ONU.

Les Forces impliquées dans le conflit comprennent :

Les forces officielles du gouvernement, l'armée nationale ivoirienne (FANCI), également appelés loyalistes, formés et équipés ;

Les Jeunes patriotes : groupes de jeunes nationalistes alignés avec le président Laurent Gbagbo ;

Les Mercenaires recrutés par le président Gbagbo:

Les russes ;

Les anciens combattants du Libéria ;

Les Forces nouvelles (FN) qui sont les rebelles du Nord qui détenaient 60% du pays ;

Les forces militaires françaises: les troupes envoyées dans le cadre de l'opération Licorne et sous mandat de l'ONU (ONUCI), 3000 hommes en février 2003 et 4600 en novembre 2004;

Les soldats de la Communauté économique des Etats d'Afrique de l'Ouest (CEDEAO), les casques blancs, également sous l'ONU.

Les rebelles ont immédiatement été bien armés, notamment en raison du soutien par le Burkina Faso.

En outre, les partisans du gouvernement ont affirmé que les rebelles ont été soutenus par la France.

Cependant, les rebelles ont également dénoncé que la France soutenait le gouvernement.

La rébellion a été planifiée au Burkina Faso par des soldats ivoiriens proche du général Guéï.

Guillaume Soro, originaire du nord et leader du Mouvement patriotique de Côte d'Ivoire (MPCI) plus tard connu sous le nom des Forces Nouvelles de Côte d'Ivoire, est le leader d'un syndicat étudiant proche du FPI de Gbagbo, mais était aussi proche du RDR.

Une fois qu'ils s'étaient regroupés à Bouaké, les rebelles ont rapidement menacé d'attaquer Abidjan.

La France a déployé des troupes le 22 septembre, et a bloqué le chemin des rebelles.

Les Français ont dit qu'ils avaient agi pour protéger leurs ressortissants et d'autres étrangers, et sont allés dans les villes du nord pour faire ressortir les expatriés de nombreux pays.

Le 17 octobre, un cessez-le-feu a été signé, et les négociations ont commencé.

Le 28 novembre, le Mouvement populaire ivoirien du Grand Ouest (MPIGO) et le Mouvement pour la justice et la paix (MJP), deux nouveaux mouvements rebelles, ont pris le contrôle des grandes villes situées dans l'ouest du pays.

La France a dirigé les négociations.

Les troupes françaises envoyées pour évacuer les étrangers ont combattu les rebelles près de Man le 30 novembre.

Les affrontements ont fait au moins dix rebelles morts et un soldat français blessé.

Le cessez-le-feu est presque effondré le 6 janvier quand deux groupes de rebelles ont attaqué des positions françaises près de la ville de Duékoué, blessant neuf soldats.

Selon un porte-parole français, les forces françaises ont repoussé l'assaut en tuant 30 rebelles.

Les accords de Marcoussis

Du 15 au 26 janvier 2003, les différentes parties se sont rencontrées à Linas-Marcoussis en France pour tenter de négocier un retour à la paix.

Les parties ont signé un accord de compromis le 26 janvier.

Le Président Gbagbo devait conserver le pouvoir et les opposants ont été invités dans un gouvernement de réconciliation en obtenant les ministères de la Défense et de l'Intérieur.

Les soldats de la CEDEAO et 4000 soldats français ont été placés entre les deux côtés, formant une ligne de paix.

Les parties ont convenu de travailler ensemble sur la modification de l'identité nationale et l'admissibilité à la citoyenneté que beaucoup d'observateurs considèrent comme l'une des causes profondes du conflit.

Le 4 février, plusieurs manifestations anti-françaises ont eu lieu à Abidjan, en soutien à Laurent Gbagbo.

La fin de la guerre civile a été proclamée le 4 juillet. Une tentative de putsch, organisé depuis la France par Ibrahim Coulibaly a été déjouée le 25 août par les services secrets français.

L'ONU a autorisé la formation de l'ONUCI le 27 février 2004, en plus des forces françaises et celles de la CEDEAO.

Le 4 mars, le PDCI a suspendu sa participation au gouvernement, étant en désaccord avec le FPI sur la nomination des fonctions au sein de l'administration et dans les entreprises publiques.

Le 25 mars, une marche pour la paix a été organisée pour protester contre le blocage des accords de Marcoussis.

Les manifestations avaient été interdites par décret depuis le 18 mars et la marche été brutalement réprimée par les forces armées faisant 37 morts selon le gouvernement, entre 300 et 500 selon le PDCI d'Henri Konan Bédié.

Cette répression a provoqué le retrait du gouvernement de plusieurs partis d'opposition.

Un rapport de l'ONU du 3 mai a fait un bilan de 120 morts et impliqué des responsables gouvernementaux.

Le 6 mai, le gouvernement de réconciliation nationale, initialement composé de 44 membres, a été réduit à 15 après le limogeage de trois ministres, parmi lesquels Guillaume Soro, chef des rebelles.

Le 25 juin, un soldat français a été tué dans son véhicule par un soldat du gouvernement près de Yamoussoukro.

Le 4 juillet 2003, le gouvernement et les rebelles des Forces nouvelles ont signé la "Fin de la Guerre" et promis de travailler pour la mise en œuvre d'un programme de démobilisation, désarmement et réinsertion (DDR).

En 2004, divers défis de l'Accord de Linas-Marcoussis se sont produits et on conduit aux pourparlers d'Accra au Ghana.

Signé le 30 juillet 2004, l'Accord d'Accra III a réaffirmé les objectifs de l'Accord de Linas-Marcoussis avec des délais et des critères spécifiques pour le progrès.

Malheureusement, ces délais, la fin de septembre pour la réforme législative et le 15 octobre pour le désarmement des rebelles, ne sont pas respectées par les parties.

L'impasse politique et militaire qui a suivi n'a pas été brisée jusqu'au 4 novembre de 2004.

La reprise des combats

Le calendrier indiqué dans la version finale de l'Accord de Linas-Marcoussis n'a pas été respecté.

Les projets de loi envisagés dans le processus ont été bloqués par le FPI majoritaire à l'Assemblée nationale ivoirienne.

Les conditions d'éligibilité à l'élection présidentielle ne sont pas réexaminées, parce que Laurent Gbagbo a revendiqué le droit de choisir un premier ministre et non pas conformément aux accords proposés à Accra.

Face à l'impasse politique, le désarmement dont le début avait été envisagé quinze jours après les modifications constitutionnelles n'a pas commencé en fin octobre.

Les soldats de l'ONU ont ouvert le feu sur des manifestants hostiles au problème de désarmement des rebelles le 11 octobre.

Les rebelles, des Forces nouvelles (FN) ont annoncé le 13 octobre leur refus de désarmer, en citant les gros achats d'armes par l'armée nationale de Côte d'Ivoire (FANCI).

Ils ont intercepté deux camions de la FANCI pleins d'armes lourdes et le 28 octobre, ils ont déclaré l'état d'urgence dans le nord du pays.

Les affrontements entre les français et les ivoiriens en 2004

En 2004, un conflit armé a eu lieu entre la France et la Côte d'Ivoire. Le 6 novembre 2004, l'armée ivoirienne a lancé une attaque aérienne contre les Casques bleus français qui y étaient stationnés dans le cadre de l'Opération Licorne, au nord de Bouake, tuant neuf soldats français en blessant 31. Un agent de développement américain a également été tué.

Plusieurs heures après l'attaque, le président français Jacques Chirac a ordonné la destruction de la force aérienne ivoirienne et la saisie de l'aéroport de Yamoussoukro.

L'armée française a procédé à une attaque terrestre sur l'aéroport, détruisant deux avions d'attaque au sol Sukhoi Su-25 et trois hélicoptères de combat.

Deux autres hélicoptères militaires ont été détruits au cours des combats dans le ciel d'Abidjan.

Le 7 novembre, les ivoiriens fidèles au gouvernement sont descendus dans les rues d'Abidjan pour protester contre la France et ont attaqué une base de l'armée française.

Des milliers de jeunes ivoiriens ont attaqué un quartier résidentiel composé de citoyens français, qui ont dû être évacué.

Les hélicoptères français ont survolé Abidjan et lancé des grenades, tandis que des véhicules blindés français ont porté des troupes pour réprimer les émeutes.

Les manifestants ont érigé des barricades brûlantes sur les ponts d'Abidjan.

À l'aéroport d'Abidjan, les troupes françaises et ivoiriennes ont échangé des tirs et un avion militaire français aurait été endommagé.

Comme les émeutes dans les rues continuaient, les soldats français ont ouvert le feu sur les émeutiers ivoiriens ; le gouvernement français a déclaré que 20 personnes avaient été tuées alors que les autorités ivoiriennes ont placé le nombre de morts à 60.

Le ministre français des Affaires étrangères Michel Barnier a déclaré le président Gbagbo était "personnellement responsable de ce qui est arrivé" et a déclaré que la violence était inexplicable, injustifiable.

Le Président de l'Assemblée nationale ivoirienne Mamadou Koulibaly a dit à la télévision d'Etat que la Côte d'Ivoire était redevenue un territoire d'outre-mer pour Jacques Chirac.

Conséquences

La Côte d'Ivoire avait commencé à reconstruire sa force aérienne avec l'aide de la Biélorussie et de l'Ukraine un an après l'attaque française.

Une publication 2014 montre que deux Sukhoi Su-25 ont été presque réparé à l'aéroport d'Abidjan, mais pas remis en service.

C'est l'embargo sur les armes en vigueur qui a laissé les avions et les hélicoptères au sol.

Le juge français Brigitte Raynaud a émis un mandat d'arrêt international pour les deux pilotes soupçonnés de l'attentat, Patrice Ouei et Ange-Magloire Gnanduillet, en janvier 2006.

Un tribunal militaire ivoirien cherche également à poursuivre l'ancien ministre de la Défense René Amani et l'ancien chef de l'armée loyaliste, Mathias Doué.

En 2008, les relations entre la Côte d'Ivoire et la France étaient revenues à la normale, avec la visite du ministre français des Affaires étrangères Bernard Kouchner.

Fin du conflit

Le 8 novembre 2004, la plupart des Occidentaux expatriés (surtout les français) en Côte d'Ivoire avait choisi de quitter le pays.

Le 13 novembre, le président de l'Assemblée nationale ivoirienne Mamadou Coulibaly a déclaré que le gouvernement de la Côte d'Ivoire n'a aucune responsabilité dans le bombardement du 6 novembre et a annoncé son intention de saisir la Cour pénale internationale de Justice (CPI) pour la destruction de la force militaire ivoirienne récemment rééquipée et pour les crimes de l'armée française.

Dans la matinée du 13 novembre 2006, plusieurs expatriés européens avaient quitté le pays.

Le Conseil de sécurité des Nations Unies a adopté la résolution 1572 le 15 novembre, pour l'application d'un embargo sur les armes.

Une réunion des ivoiriens organisé par le président sud-africain Thabo Mbeki a eu lieu à Pretoria du 3 au 6 avril 2005.

L'Accord de Pretoria a déclaré la cessation immédiate et définitive de toutes les hostilités et la fin de la guerre sur tout le territoire national.

Les forces rebelles ont commencé à retirer les armes lourdes de la ligne de front le 21 avril.

Les élections présidentielles devaient avoir lieu le 30 octobre 2005, mais en septembre le Secrétaire général de l'ONU, Kofi Annan, a annoncé que les élections prévues ne pouvaient être tenus selon la date.

Le 11 octobre 2005, une alliance de principaux partis d'opposition a appelé l'ONU à rejeter les propositions de l'Union africaine pour maintenir le président Laurent Gbagbo pendant 12 mois supplémentaires au-delà de la fin de son mandat.

L'équipe nationale de football de la Côte d'Ivoire a contribué à réduire les tensions entre les forces gouvernementales et les rebelles en 2007 en jouant un match dans la capitale rebelle de Bouaké, une occasion qui a amené les deux armées ensemble pacifiquement pour la première fois.

À la fin de 2006, les élections ont été à nouveau reportées, cette fois jusqu'en octobre 2007.

Le 4 mars 2007, un accord de paix a été signé entre le gouvernement et les Forces nouvelles à Ouagadougou, au Burkina Faso.

Le chef des Forces Nouvelles, Guillaume Soro, a ensuite été nommé Premier ministre et a pris ses fonctions en avril.

Le 16 avril, en présence de Gbagbo et Soro, la zone tampon de l'ONU entre les deux parties a commencé à être démantelé, les soldats du gouvernement et des Forces Nouvelles ont défilé ensemble pour la première fois.

Gbagbo a déclaré que la guerre était finie.

Le 19 mai, le désarmement des milices pro-gouvernementales a commencé parce que les Forces du Grand Ouest avaient renoncé à plus d'un millier d'armes lors d'une cérémonie devant Gbagbo à Guiglo.

L'administration centrale a commencé son retour dans les zones tenues par les Forces Nouvelles en juin, avec le premier nouveau préfet installé le 18 juin à Bouaké.

Le 29 juin, des roquettes ont été tirées sur l'avion de Soro à l'aéroport de Bouaké, tuant plusieurs personnes et dix blessés.

Gbagbo a visité le nord pour la première fois depuis le déclenchement de la guerre pour une cérémonie de désarmement, la «flamme de la paix» organisée le 30 juillet

Cette cérémonie consistait à brûler des armes pour symboliser la fin du conflit. Elle avait précédemment été prévue pour le 30 juin, puis le 5 juillet.

Lors de la cérémonie, Gbagbo a déclaré la fin de la guerre et a dit que le pays devait se déplacer rapidement vers des élections prévues pour 2008.

Le 27 novembre 2007, Gbagbo et Soro ont signé un autre accord à Ouagadougou qui prévoyait l'élection avant la fin de juin 2008.

Le 28 novembre, Gbagbo est arrivé à Korhogo, puis à Ferkessédougou, le village de Soro, marquant une nouvelle étape vers la réconciliation.

Le 22 décembre, un processus de désarmement devrait avoir lieu pendant trois mois en commençant par les anciens rebelles.

Les forces des deux côtés ont commencé à travailler ensemble dans les casernes de Yamoussoukro et de Bouaké.

Gbagbo et Soro étaient présents à Tiébissou pour marquer l'événement.

Les Forces de maintien de la paix des Nations Unies

L'Opération des Nations Unies en Côte d'Ivoire (ONUCI) est une mission de maintien de la paix dont l'objectif est de faciliter la mise en œuvre de l'accord de paix signé par tous les ivoiriens en janvier 2003.

Les deux principales parties ivoiriennes ici sont les forces du gouvernement ivoirien qui contrôlent le sud du pays et les Forces nouvelles qui contrôlent le nord.

La mission de l'ONUCI a pour but de contrôler une "zone de confiance" qui sépare les deux parties à travers le centre du pays.

Cette zone a un mélange de groupes ethniques, notamment les dioulas qui sont majoritairement musulman et généralement aligné aux Forces nouvelles.

Ce conflit d'intérêts a entrainé le pillage généralisé et plusieurs violations des droits de l'homme parmi les deux groupes en fonction de l'alignement politique et l'appartenance ethnique.

Un total de 25 fonctionnaires de l'ONU sont morts depuis la constitution de l'ONUCI.

En 2005, plus de 1.000 manifestants ont envahi et pris le contrôle d'une base de l'ONU à Guiglo mais ont été repoussés par les soldats armés de l'ONU. Un total de 100 manifestants sont morts et plusieurs blessés.

Le 21 juillet 2007, l'ONUCI a suspendu une unité de maintien de la paix marocaine en Côte d'Ivoire à la suite d'une enquête sur les allégations d'abus sexuels commis par les Casques bleus.

La crise post-électorale

La crise post-électorale de 2010-2011 entre l'ancien président Laurent Gbagbo et Alassane Ouattara a causé la mort de plus de 3000 personnes.

En 2012, une commission nationale indépendante a été chargée d'enquêter sur les atrocités de la crise post-élections de 2011. Elle a constaté que les forces pro-Gbagbo ont été responsables de la mort de 1.400 personnes, alors que les forces de Ouattara ont tué 700 personnes.

Cette crise politique a commencé après que Laurent Gbagbo, le Président de Côte d'Ivoire depuis 2000, s'est fait proclamé vainqueur de l'élection présidentielle de 2010.

Les dirigeants du monde entier et un certain nombre de pays et organisations internationales ont affirmé que Ouattara avait remporté l'élection. Après des mois de tentatives de négociation et de violences sporadiques, la crise est entrée dans une phase décisive lorsque les forces de Ouattara ont lancé une offensive militaire pour obtenir le contrôle de la plupart des communes clés de la ville d'Abidjan, la plus grande ville du pays.

Les organisations internationales ont rapporté de nombreuses violations des droits de l'homme mais l'ONU a entrepris sa propre action militaire pour protéger les civils.

Une étape importante pour mettre fin à la crise a eu lieu le 11 avril 2011 avec l'arrestation de Gbagbo à Abidjan par les forces pro-Ouattara soutenues par la France.

Le 2 décembre 2010, Youssouf Bakayoko, le président de la Commission électorale indépendante (CEI), a annoncé les résultats provisoires donnant Alassane Ouattara vainqueur de l'élection présidentielle avec 54,1% des voix, contre 45,9% pour Laurent Gbagbo ; il a indiqué que le taux de participation était de 81,09%.

Les résultats ont été annoncés dans un hôtel d'Abidjan bien gardé par l'ONU parce que Ouattara l'avait utilisé comme sa base afin de bénéficier de la protection militaire.

Selon les accords de paix de 2003 signé dans la banlieue de Paris, la majorité des membres de la

CEI étaient des hommes politiques du Parti démocratique de Côte d'Ivoire (PDCI), du Rassemblement démocratique africain (RDA) et du Rassemblement des républicains (RDR).

Paul Yao N'Dré, le président du Conseil constitutionnel (un corps qui a été considéré par l'opposition comme proche de Gbagbo), a ensuite pris le micro pour dire que la CEI n'avait pas le pouvoir d'annoncer les résultats et par conséquent ses résultats étaient invalides.

Seul le Conseil constitutionnel était autorisé à annoncer les résultats.

La Conseil a favorisé Gbagbo, bien que les résultats de la CEI aient indiqué que Gbagbo ne pouvait pas gagner et des centaines de milliers de votes ont été invalidés.

Au cœur du litige se trouve l'article 94 de la Constitution de la Côte d'Ivoire qui dit que :

Le Conseil constitutionnel contrôle la régularité des opérations de référendum et en proclame les résultats.

Le Conseil se prononce sur :

- L'éligibilité des candidats aux élections présidentielles et législatives ;

- Les différends relatifs à l'élection du Président de la République et des députés.

Le Conseil constitutionnel proclame les résultats définitifs des élections présidentielles.

Peu de temps après les annonces, les militaires ont scellé les frontières du pays.

Double revendications de la victoire

Le 3 décembre, le Conseil constitutionnel a déclaré Gbagbo vainqueur. Yao N'Dré a annoncé que les résultats dans sept régions du Nord ont été annulés, déclarant la victoire de Gbagbo avec 51,45% des voix tandis que Ouattara avait 48,55%.

Sur la base des résultats de la CEI, Ouattara a soutenu qu'il était "le président élu" et a déclaré que le Conseil constitutionnel avait "abusé de son pouvoir".

Il avait le soutien clair de la communauté internationale et régionale, mais les officiers supérieurs de l'armée semblaient soutenir fermement Gbagbo.

Les Forces nouvelles et le Premier ministre Guillaume Soro ont soutenu la victoire de Ouattara. Soro a dit qu'il considérait comme Ouattara le président légitime et a démissionné de son poste de Premier Ministre le 4 décembre.

Gbagbo a prêté serment pour un nouveau mandat de cinq ans le 4 décembre, déclarant : "je vais continuer à travailler avec tout le monde".

Des violences sporadiques et des tirs ont été signalés dans diverses régions du pays, y compris Abidjan.

Gbagbo a nommé un nouveau Premier ministre, Gilbert Aké, le 5 décembre.

Aké, un économiste et universitaire, était déjà considéré comme proche de Gbagbo.

Ouattara lui-même a prêté serment séparément peu après, en disant que "la Côte d'Ivoire est maintenant entre de bonnes mains".

Ouattara a ensuite renommé Soro comme son premier ministre.

Réactions

Il y avait eu des rassemblements pro-Gbagbo et pro-Ouattara. Simone Gbagbo, l'épouse de Laurent Gbagbo, a prononcé un discours lors d'un rassemblement pro-Gbagbo le 15 janvier 2011.

Dans Abobo, une banlieue d'Abidjan, un bastion des partisans de Ouattara avait organisé des violents affrontements contre les forces de Gbagbo.

Aya Virginie Touré a organisé des manifestations pacifiques de plus de 40.000 femmes qui ont été violemment réprimées. Sur les radios et télévisions internationales, elle a appelé à une intervention militaire pour enlever Laurent Gbagbo du pouvoir de la même manière que Charles Taylor a été enlevé pendant la guerre civile du Libéria.

Les Nations Unies

Le 18 décembre, un porte-parole des Nations Unies a déclaré en réponse à une demande de Gbagbo que les armées étrangères quittent le pays.

L'ONU n'a pas soutenu la réélection de Gbagbo mais les Casques bleus ont continué à soutenir et protéger Alassane Ouattara et les citoyens ivoiriens.

Le 23 décembre 2010, le Conseil des droits de l'homme des Nations Unies a adopté une résolution qui a fermement condamné les violations des droits de l'homme en Côte d'Ivoire à la fin de l'élection présidentielle de 2010.

La résolution a été critiquée par l'ONG Amnesty international comme ayant insuffisamment abordé la situation.

L'Angola et le Liban sont les seuls pays à envoyer leurs ambassadeurs soutenir la cause de Gbagbo.

L'Union africaine (UA), comme les Nations Unies, a officiellement reconnu Ouattara comme le nouveau président élu et a envoyé l'ancien président sud-africain Thabo Mbeki pour une médiation sur la question.

Les États-Unis, l'ONU, l'Union Européenne (UE), la Communauté économique des Etats d'Afrique de l'Ouest (CEDEAO) et de l'ancienne puissance coloniale (France) ont affirmé leur soutien à Ouattara.

Le 5 décembre, l'ancien président Thabo Mbeki a eu des entretiens séparés avec Gbagbo et Ouattara, en tant que médiateur.

L'Union africaine avait nommé Mbeki pour mener une mission d'urgence en Côte d'Ivoire pour faciliter la conclusion rapide et pacifique du processus électoral et des efforts visant à trouver un moyen pour sortir de la crise. Cependant, il a quitté le pays sans un accord politique.

Le leader de l'opposition gabonaise, André Mba Obame a utilisé la crise politique de la Côte d'Ivoire et la reconnaissance internationale de Ouattara comme président ivoirien comme une source d'inspiration pour s'auto déclarer vainqueur de la controversée élection présidentielle du Gabon en 2009.

Le 28 décembre, les présidents Yayi Boni du Bénin, Ernest Bai Koroma de la Sierra Leone et Pedro Pires du Cap-Vert sont arrivés dans le pays au nom de la CEDEAO pour convaincre Gbagbo de démissionner et de partir en exil pour le bien de son pays, tout en déclarant que c'était sa dernière chance avant l'offensive militaire de la France.

Le 21 décembre, le Département d'État des États-Unis a annoncé qu'il avait imposé des sanctions contre Gbagbo et ses alliés.

Les menaces, la violence et les violations des droits

Entre décembre 2010 et mars 2011, il y avait une série de violence entre les milices de Gbagbo et les partisans de Ouattara, principalement dans la ville d'Abidjan où les deux parties ont eu un grand nombre de partisans.

Le 16 décembre 2010, les affrontements entre partisans de l'opposition et les forces de l'ordre à

Abidjan et Yamoussoukro ont causé la mort de 44 personnes.

Un charnier des partisans de l'opposition avait été retrouvé dans un quartier pro-Gbagbo à Abidjan, mais les forces de sécurité ont empêché les enquêteurs de l'ONU d'aller sur le site pour vérifier les allégations.

Les affrontements entre pro-Gbagbo et pro-Ouattara ont fait 33 morts dans la ville centrale de Duékoué le 3 janvier et 6 janvier 2011.

Entre le 11 janvier et 12 janvier, 11 autres personnes ont été tuées lors des combats qui ont éclaté à Abidjan entre les forces de Gbagbo et les partisans de Ouattara.

La même zone a été la scène de nouveaux affrontements les 21 et 22 Février lorsque la police a de nouveau tenté d'utiliser la violence.

12 partisans de l'opposition ont été tués lorsque les forces de sécurité ont tiré et lancé des grenades dans le quartier.

Le lendemain, les combattants de l'opposition ont tendu une embuscade aux gendarmes gouvernementaux et tué 10 ou 15 d'entre eux.

Les partisans de Gbagbo ont mené plusieurs attaques, attaquant les entreprises étrangères et les bureaux de l'ONU à Abidjan le 1er mars et en tuant au moins six personnes à un rassemblement pro-Ouattara.

La banlieue nord d'Abobo a été attaquée par les forces de Gbagbo le 13 mars dans le but de chasser les partisans pro-Ouattara. La violence a entraîné la mort de 10 personnes et des dizaines d'autres blessés. Abobo a été lourdement attaqué le 17 mars, provoquant la mort de 30 personnes.

52 personnes ont été tuées dans la poursuite des violences à Abidjan entre les 21 et 26 mars.

Guillaume Soro a accusé les forces de Gbagbo et les mercenaires libériens de mener une campagne de terreur avec des escadrons de la mort qui étaient responsables de la mort de plus de 200 personnes, 1.000 blessées, plusieurs disparitions et 732 arrestations.

Il aussi dit que les femmes ont été battus, dépouillés, agressées et violées.

Amnesty international a déclaré qu'elle avait reçu beaucoup de rapports d'atrocités dans le pays.

En mars 2011, plus de 450.000 ivoiriens avaient quitté le pays, dont 370.000 provenaient de la capitale d'Abidjan.

Le 10 mars 2011, Gbagbo a interdit tous les avions français et de l'ONU dans l'espace aérien ivoirien, avec des exceptions approuvées par le ministère des Transports.

L'interdiction n'a pas été respectée par l'ONU, qui a continué à piloter ses hélicoptères.

Environ 1.800 personnes, y compris les enfants et les fonctionnaires, ont trouvé refuge à la Cathédrale Saint-Paul d'Abidjan depuis le début de la crise.

Les deux forces pro-Outtara et pro-Gbagbo ont été accusés d'avoir participé au massacre du 28 et 29 mars à Duékoué où des centaines de civils ont été tués. Outtara a nié les accusations contre sa force, mais a accepté de mener une enquête.

Des manifestations pacifiques

De nombreuses manifestations pacifiques non-violente ont été organisées en Côte d'Ivoire et au niveau international en faveur d'une solution pacifique à la crise.

En décembre 2010, plusieurs manifestations de rue ont eu lieu à Abidjan avec des centaines de femmes qui ont rejoint les protestations.

Les manifestants se sont heurtés aux forces de sécurité pro-Gbagbo lourdement armés qui ont tiré sur la foule et tué plusieurs civils.

En février 2011, des centaines de jeunes ont protesté à Abobo et deux personnes ont été tués par les forces de sécurité qui ont ouvert le feu et utilisé des gaz lacrymogènes pour disperser la foule.

Le 3 mars 2011, plusieurs femmes ont organisé une manifestation pacifique à Abidjan.

Certaines étaient habillés en noir, certaines portaient des feuilles et certaines étaient nus, les signes d'une malédiction africaine dirigée vers

Laurent Gbagbo. Les forces de Gbagbo avec des chars auraient ouvert le feu sur les femmes.

Sept femmes ont été tuées et environ 100 ont été blessés.

La police de Gbagbo a toujours nié toute implication dans cet incident.

Le 8 mars, pendant la Journée internationale de la femme, 45.000 femmes ont tenu des manifestations pacifiques à travers le pays. Une femme et trois hommes ont été tués à Abidjan par l'armée.

Les conflits violents et l'offensive militaire

Alors que la violence a continué à Abidjan, des combats ont éclaté dans l'ouest de la Côte d'Ivoire à la fin de février 2011.

La nouvelle armée des rebelles rebaptisée Forces républicaines de Côte d'Ivoire (FRCI) a cherché à fermer la frontière avec le Libéria où Gbagbo a recruté de nombreux combattants.

Une série de villes de l'Ouest est tombé aux mains des FRCI entre le 25 février et le 21 mars.

Le 28 mars, les FRCI ont lancé une offensive militaire à l'échelle nationale en déclarant que toutes les solutions pacifiques avaient été épuisées.

Après de violents combats dans certaines villes ivoiriennes, les FRCI avançait rapidement EN saisissant les villes le long de la frontière avec le Ghana, la capitale politique Yamoussoukro et le port clé de San Pédro.

Le 31 mars les FRCI ont atteint Abidjan après plusieurs combats avec des loyalistes de Gbagbo autour du palais présidentiel.

Les Nations Unies et les forces françaises ont rejoint les combats le 4 avril avec des attaques d'hélicoptères sur les armes lourdes utilisées par les forces de Gbagbo.

L'électricité et l'eau ont également été coupées à la dans la moitié nord du pays le 2 mars.

Statut de Gbagbo et Ouattara

Le 18 décembre 2010, Gbagbo a demandé aux forces de maintien de la paix de l'ONU et de la France de quitter le pays dans une déclaration publié par le gouvernement.

En janvier 2011, Gbagbo a demandé un recomptage des votes, ainsi que la création d'un comité composé de la communauté internationale pour superviser le recomptage.

Il s'est également engagé dans une campagne diplomatique pour obtenir le soutien des pays comme le Zimbabwe, alors que dans le même temps il expulsera les ambassadeurs des États-Unis, du Canada et des pays qui ne reconnaissent pas son pouvoir.

Après l'élection, Gbagbo a initialement conservé le contrôle des forces armées du pays et des médias, mais en partie en raison des sanctions internationales, ce contrôle a progressivement provoqué l'offensive des forces de Ouattara.

Ouattara vivait au premier étage de l'Hôtel du Golf à Abidjan alors que Gbagbo restait au palais présidentiel.

L'hôtel était gardé par environ 800 soldats de la paix des Nations Unies, qui avaient encerclé le site avec des véhicules blindés de l'ONU et des contrôles de sécurité pour les visiteurs

Les troupes fidèles de Gbagbo ont occupé le quartier entourant l'Hôtel Golf et mis en place un blocus qui empêchait les camions de l'ONU d'apporter de la nourriture, l'eau et les médicaments à l'hôtel.

Ouattara avait une station de radio (à l'intérieur de l'hôtel) qui a diffusé les chansons de sa campagne, ses discours et les déclarations de son porte-parole.

Cependant, les techniciens qui travaillait pour Gbagbo bloquaient le signal plusieurs fois par jour.

Au début de mars 2011, Ouattara a voyagé en Ethiopie pour rencontrer les responsables de l'Union africaine (UA) chargé de trouver une solution au conflit.

Gbagbo a refusé d'assister à la réunion de l'UA qui a confirmé Ouattara comme le vainqueur de l'élection.

Economie et marchés financiers

L'Union économique et monétaire ouest-africaine (UEMOA) reconnaît Ouattara comme le vainqueur de l'élection de 2010. La banque de l'UEMOA est la Banque Centrale des Etats d'Afrique de l'Ouest (BCEAO). Le gouverneur de la BCEAO, Philippe-Henry Dacoury-Tabley, considéré comme un allié de Gbagbo, a été contraint de démissionner par les dirigeants ouest-africains, le 21 Janvier 2011.

Le prix du cacao dans le commerce international a chuté la semaine avant l'élection dans l'espoir de couper le financement de Gbagbo.

Le 9 février 2011, la bourse d'Abidjan est restée fermée après que les forces loyalistes de Gbagbo ont envahi ses bureaux.

La Bourse Régionale des Valeurs Mobilières (BRVM) avait été "temporairement" déplacé à

Bamako au Mali après que les troupes de Gbagbo ont attaqué sa direction à Abidjan.

Au cours de la semaine du 14 au 18 février, plusieurs banques avaient suspendu leurs opérations. La plupart des distributeurs automatiques de billets avait été vide ou hors service à Abidjan et les gens se sont précipités vers les banques pour retirer leur argent.

Les rapports ont suggéré une crise de liquidités dans le pays en raison d'un manque d'entrées de capitaux.

Plusieurs banques ont cessé leurs activités dans le pays.

La Bataille d'Abidjan

Dans la ville d'Abidjan, les combats ont éclaté le 31 mars alors que les forces pro-Ouattara ont progressé à partir de plusieurs directions.

Les résidents ont rapporté avoir vu les forces de Ouattara dans la ville avec un convoi de plus de 2000 soldats à pied et des dizaines de voitures.

Ouattara a déclaré un couvre-feu de trois jours à Abidjan de 21H00 à 06H00.

Les soldats de la paix des Nations Unies ont pris le contrôle de l'aéroport d'Abidjan, lorsque les forces de Gbagbo ont abandonné les combats.

Les Nations Unies et les forces françaises ont également été signalés dans des opérations de protection de la ville.

La mission de maintien de la paix des Nations Unies a déclaré que ses quartiers généraux ont été attaqués par les forces spéciales de Gbagbo le 31 mars.

Les convois de l'ONU ont également été attaqués par des loyalistes de Gbagbo quatre fois depuis le

31 mars, avec trois casques bleus blessés dans l'une des attaques.

Les casques bleus avaient échangé des tirs avec des loyalistes de Gbagbo dans plusieurs parties de la ville.

Plusieurs ressortissants étrangers ont trouvé refuge à la base française de Port-Bouët, près de l'aéroport.

Ouattara a demandé aux hommes de Gbagbo de déposer leurs armes, promettant la paix et la réconciliation.

Beaucoup d'entre eux ont fait défection ou renoncé de combattre, y compris le chef d'état-major général Phillippe Mangou, qui s'était réfugié à la maison de l'ambassadeur sud-africain.

Les combats à Abidjan ont été concentrés dans dans le quartier de Cocody, autour du bâtiment de la télévision ivoirienne et autour de la résidence de Laurent Gbagbo, où les membres de la Garde républicaine représentaient une forte résistance.

Plusieurs coups de feu et des bombardements ont été signalés autour du palais présidentiel, dans le centre-ville.

Des combats ont également éclaté dans le quartier de Treichville où la Garde républicaine de Gbagbo défendait les principaux ponts de la ville et autour du camp de la gendarmerie à Agban.

La télévision nationale (RTI) était sous le contrôle des partisans de Gbagbo après avoir brièvement coupé le signal.

Le 2 avril, le Secrétaire général de l'ONU Ban Ki-moon, a exhorté Gbagbo à démissionner et transférer le pouvoir au président légitimement élu, Ouattara.

Le 4 avril, le personnel non-militaire des Nations Unies a commencé à être évacué d'Abidjan et des centaines de troupes françaises supplémentaires ont atterri à l'aéroport.

Les hélicoptères de l'ONU et des français ont également commencé à tirer sur les installations militaires pro-Gbagbo. Les attaques visaient l'artillerie lourde et des véhicules blindés.

Les hélicoptères des Nations Unies ont tiré des missiles sur le camp d'Akouédo à Abidjan.

Les hélicoptères de l'ONU ont été pilotés par les militaires ukrainiens.

Le Secrétaire général de l'ONU, Ban Ki-moon, a défendu ces attaques en disant que la mission a pris cette action en légitime défense et pour protéger les civils.

Il a noté que les forces de Gbagbo avaient tiré sur des patrouilles des Nations Unies et attaqué le siège de l'organisation à Abidjan, blessant quatre soldats.

Le 4 avril, le général Phillippe Mangou a quitté la résidence de l'ambassadeur sud-africain à Abidjan et a rejoint les forces gouvernementales.

Mangou a été contraint de quitter l'ambassade sud-africaine parce que certains de ses proches étaient les otages des partisans inconditionnels de Gbagbo et qu'ils devaient bombarder son village s'il ne se montre pas ou ne retourne pas dans l'armée Gbagbo.

Tôt le 5 avril 2011, les forces de Ouattara ont annoncé qu'ils ont occupé le palais présidentiel.

Le même jour, le général Philippe Mangou, le chef militaire de Laurent Gbagbo, a appelé à un cessez-le-feu et les combats ont cessé à Abidjan.

Les meilleurs généraux de Gbagbo avaient fait défection et la guerre était finie.

Le ministre français des Affaires étrangères, Alain Juppé, a promis une sortie sûre et digne pour Gbagbo et sa famille avant de remettre le pouvoir à Ouattara.

Cependant, les forces de Ouattara ont attaqué sa la résidence de Gbagbo le 6 avril 2011, après que les négociations ont échoué.

Les forces françaises auraient détruit plusieurs véhicules militaires appartenant aux troupes loyales à Laurent Gbagbo lors d'une mission qui a sauvé la vie de l'ambassadeur du Japon, Yoshifumi Okamura, au cours de la matinée du 7 avril.

Le 9 avril, les forces pro-Gbagbo auraient tiré sur l'Hôtel du Golf, où se trouvait Ouattara ; en réponse, les Casques bleus ont tiré sur eux.

Les forces de Gbagbo auraient repoussé les forces de Ouattara pour reprendre le contrôle du Plateau et de Cocody.

Le lendemain, les Nations Unies et les forces françaises ont réalisé de nouvelles frappes aériennes contre le reste des armes lourdes de Gbagbo.

L'attaque a causé de lourds dommages au palais présidentiel.

Droits de l'homme

Le respect des droits de l'homme est resté un problème. En mai 2011, Amnesty International a rapporté que les côtés pro-Gbagbo et pro-Ouattara avaient commis des crimes de guerre et des crimes contre l'humanité dans le conflit.

Le 20 juillet 2011, Ouattara a inauguré une commission pour enquêter sur la violation des droits de l'homme pendant le conflit. Reporters sans frontières a demandé la libération d'un journaliste pro-Gbagbo détenus.

Le directeur d'un journal proche du FPI a été brièvement arrêté le 24 mai 2011, puis libéré le même jour.

Les Forces républicaines de Côte d'Ivoire ont occupé le siège de Notre Voie, un journal proche du FPI.

Prorogation de la violence

Selon Human Right Watch, la violence persistait. Les milices pro-Gbagbo ont tué au moins 220 personnes pendant les jours immédiatement avant ou après l'arrestation de Gbagbo.

En juin 2011, il a été signalé qu'au moins 149 partisans réels ou présumés pro-Gbagbo avaient été tués par les forces de Ouattara.

En août, des événements similaires commis par les forces de Ouattara ont été à nouveau signalés par les médias.

Un résumé d'une conférence de presse de l'ONUCI en août a signalé plusieurs affrontements entre FRCI et des jeunes pro-Gbagbo.

Dans la nuit du 24 avril au 25 avril 2012, Sakré, un village dans le sud-ouest près du Liberia a été attaqué par un groupe équipé d'armes lourdes, y compris des roquettes, laissant 8 morts.

Politique

Le 1er juin 2011, Guillaume Soro a formé un nouveau gouvernement sans les pro-Gbagbo.

Guillaume Soro garde les postes de Premier ministre et ministre de la Défense.

Le mandat de Choi Young-ji a pris fin le 31 août, et Albert Gerard Koenders est devenu le nouveau Représentant spécial des Nations Unies pour la Côte d'Ivoire le 1er septembre.

Le 28 septembre, le dialogue de la Commission, vérité et réconciliation a été inauguré à Yamoussoukro. C'est une commission de 11 membres dirigée par l'ancien Premier ministre Charles Konan Banny.

La commission comprend des chefs religieux, des représentants régionaux et le footballeur

Didier Drogba pour les ivoiriens vivant à l'étranger.

Elle est calquée sur la Commission vérité et réconciliation de l'Afrique du Sud. Cependant, Konan Banny a exprimé que la commission n'avait pas des pouvoirs d'amnistie.

Une élection législative a été annoncée en septembre et s'est tenu le 11 décembre. Ce fut la première élection législative depuis 2000, en raison de la crise en 2002.

L'élection a été boycottée par le FPI, le parti de Gbagbo et a été remporté par le parti de Ouattara (RDR) et ses alliés. L'atmosphère de l'élection était calme, mais le taux de participation était faible.

Levé des dernières sanctions

Le 27 juin 2011, l'ONU a levé les dernières sanctions contre les entreprises ivoiriennes, y compris la Radiodiffusion télévision ivoirienne (RTI), l'Association des producteurs de caoutchouc de Côte d'Ivoire et la Société d'électricité.

Le 8 juillet 2011, le FMI a repris son aide à la Côte d'Ivoire.

Le 25 octobre, les États-Unis a annoncé que la Côte d'Ivoire, exclus depuis 2005, a été de nouveau admissible à la Loi sur la croissance et les opportunités en Afrique (AGOA), ce qui donne des préférences commerciales aux pays éligibles.

Le 3 août 2012, le premier tribunal de commerce de la Côte d'Ivoire a été mis en place à Abidjan, dans le but d'encourager l'investissement et le développement économique.

Les chefs des Forces nouvelles

Le 3 août 2011, Ouattara a promu plusieurs chefs des Forces nouvelles comme Martin Fofié Kouakou, nommé nouveau commandant de Korhogo et accusé d'être impliqué dans les exécutions par l'ONU.

L'arrestation de Gbagbo

Gbagbo a été arrêté le 11 avril. D'avril à août, lui et sa femme, Simone, était en résidence surveillée dans les régions septentrionales du pays.

Gbagbo a été envoyé à Korhogo et Simone à Odienné. Gbagbo et son épouse ont été accusés de crimes (pillages, vols à main armée et de détournement de fonds) en août.

Le gouvernement, citant son incompétence, a demandé l'implication de la Cour pénale internationale (CPI).

Le 3 octobre, le procureur de la CPI, Luis Moreno-Ocampo, a lancé une enquête sur les crimes de guerre et crimes contre l'humanité commis par les forces loyales à Gbagbo et Ouattara pendant la période post-électorale.

Un mandat d'arrêt a été délivré le 23 novembre contre Gbagbo avant son arrestation le 29 novembre.

Gbagbo est arrivé à la prison de Scheveningen, une banlieue de la Haye (Pays-Bas), le 30 novembre.

Le massacre de Duekoué

Des hommes inconnus armés de machettes et de diverses armes à feu auraient tué plus de 1.000 civils dans un quartier de la ville de Duékoué, qui était en grande partie contrôlée par les forces de défense.

La mission de l'ONU en Côte d'Ivoire a dit que les forces de Ouattara et Gbagbo ont été impliqués dans les massacres.

Selon Guillaume N'Gefa, le porte-parole de la mission de l'ONU en Côte d'Ivoire, 330 personnes avaient été tuées à Duékoué lorsque les forces de Ouattara ont pris la ville et plus de 100 d'entre eux ont été tués par les troupes de Gbagbo.

Cependant, la majorité ont été exécutés par les dozos, les chasseurs traditionnels qui soutiennent Ouattara.

Une équipe de l'ONU enquêtait toujours et ces chiffres étaient susceptibles d'augmenter.

Des dizaines de milliers de personnes ont fui Duékoué depuis le 28 mars.

Le 7 avril Rupert Colville, le porte-parole du Haut-Commissariat des Nations Unies aux droits de l'homme, a déclaré que son équipe avait trouvé 15 nouveaux corps.

La plupart des victimes appartenaient au groupe ethnique Guéré qui sont les partisans traditionnels de Gbagbo. Certains semblent avoir été brûlées et certains cadavres ont été jetés dans les puits.

L'existence de plusieurs litiges entre les propriétaires fonciers est la principale cause du massacre.

Les Guéré sont les propriétaires fonciers traditionnels de la région ; mais les travailleurs migrants (Burkina Faso) effectuent une grande partie du travail manuel dans les plantations de cacao.

La réaction internationale

Le 23 mars, au Sommet de la CEDEAO, Goodluck Jonathan, le président du Nigeria a exhorté les Nations Unies à adopter une résolution pour prendre des mesures décisives car l'instabilité constituait une menace pour la sécurité de l'Afrique de l'Ouest.

Le 30 mars, la résolution de 1975 du Conseil de sécurité des Nations Unies adopté à l'unanimité, a exigé la démission de Laurent Gbagbo en tant que président pour permettre au président internationalement reconnu Alassane Ouattara de prendre le pouvoir.

La résolution a imposé des sanctions à Gbagbo et ses proches collaborateurs.

La résolution a été parrainé par la France et le Nigeria.

Les Réfugiés

Selon l'Organisation des Nations Unies (ONU), en raison de la poursuite des violences, plus de 100.000 personnes ont fui le pays vers le Libéria voisin.

La Présidente du Libéria, Ellen Johnson Sirleaf, avait déclaré que c'était une menace sérieuse pour la stabilité du Libéria et des pays voisins.

Cherchant à déplacer les ivoiriens loin des villages frontaliers, l'Organisation des Nations Unies (ONU) a ouvert un camp.

Bien que des milliers d'ivoiriens restent au Libéria, des convois de réfugiés ont commencé à rentrer.

En plus de réfugiés au Libéria, un nombre important d'ivoiriens est resté dans les camps de l'Ouest.

Le plus grand camp était celui de la Mission catholique de Duékoué où 28.000 déplacés séjournaient.

Le camp a été incendié par des soldats en juillet 2012 et plusieurs personnes ont été tuées.

Les Mercenaires

Le Général Gueu Michel, le commandant des forces de Ouattara dans l'ouest de la Côte d'Ivoire, a déclaré que des mercenaires libériens se battaient de l'autre côté de Laurent Gbagbo.

Les Nations Unies ont déclaré que le général avait raison de soupçonner la présence des mercenaires libériens en Côte d'Ivoire pour aider Gbagbo.

Cependant, Harrison S. Karnwea, le ministre de l'Intérieur du Libéria avait dit que les deux parties ont recruté des mercenaires libériens.

Impact sur les ressortissants étrangers

Le 2 avril, 1400 ressortissants français et étrangers (dont 900 libanais) ont occupé le camp des soldats français près de l'aéroport d'Abidjan.

Les responsables de l'ONU et les militaires français ont fourni une assistance pour faciliter le départ des ressortissants libanais, français et africains qui souhaitaient quitter la Côte d'Ivoire.

L'armée française a officiellement pris le contrôle de l'aéroport d'Abidjan le 4 avril afin d'évacuer les ressortissants étrangers vivant en Côte d'Ivoire.

Élection présidentielle ivoirienne de 2015

L'élection présidentielle ivoirienne de 2015 se tient le 25 octobre et voit la réélection dès le premier tour d'Alassane Ouattara à la fonction de président de la République pour un mandat de cinq ans.

Modalités

Le président de la République de Côte d'Ivoire est élu pour un mandat de cinq ans au scrutin uninominal majoritaire à deux tours.

Conformément à la Constitution ivoirienne de 2000 qui limite l'exercice de la présidence à deux mandats consécutifs, Alassane Ouattara, président de la République de Côte d'Ivoire élu en 2010, peut être candidat pour concourir à un second quinquennat.

Les candidats qui veulent se présenter à cette élection doivent satisfaire aux conditions de l'élection présidentielle ivoirienne.

Éligibilité

L'éligibilité des candidats, notamment celle d'Alassane Ouattara, constitue depuis 1995 un écueil et une cause de fortes tensions ethniques.

Le candidat à la présidentielle doit en effet, selon l'article 35 de la constitution, répondre à plusieurs critères dont :

« être ivoirien d'origine, né de père et de mère eux-mêmes ivoiriens d'origine » ;

« n'avoir jamais renoncé à la nationalité ivoirienne » ;

« ne doit s'être jamais prévalu d'une autre nationalité ».

Or, Alassane Ouattara est souvent accusé, depuis son arrivée à la primature en 1990, d'être un étranger en Côte d'Ivoire, un burkinabè.

Il a également vu ses candidatures invalidées aux élections présidentielles de 1995 et 2000 pour des motifs politiques et électoralistes, officiellement pour nationalité douteuse.

Sa candidature à l'élection de 2010 n'a guère connu d'opposition, grâce à une interprétation d'une décision présidentielle issue des accords de Linas-Marcoussis garantissant sa participation à l'élection de 2005, qui n'a cependant jamais eu lieu.

L'éligibilité du président sortant donne ainsi lieu à des débats houleux, et à des articles de contestation dans les médias d'opposition fondés sur une éventuelle non-authenticité des certificats de nationalité de ses parents.

Des opposants mettent aussi en avant la décision présidentielle de 2005 qui empêcherait Alassane Ouattara de se représenter, jouant sur l'ambigüité du sens du mot uniquement dans l'article premier.

Ce dernier argument a donné lieu à un désaccord fort entre le président du Conseil constitutionnel Francis Wodié et ses membres, considérant que cette décision de 2005 était une exception qui ne reconduit pas de facto la candidature du président de la République.

Mis en minorité, ce conflit mène à la démission de Francis Wodié et à son remplacement par Mamadou Koné.

La candidature d'Alassane Ouattara repose sur une interprétation différente de celle des opposants.

D'une part, elle se base sur des certificats de nationalité jugés authentiques du candidat et de ses parents, les certifiant ivoiriens de naissance.

D'autre part, elle repose grandement sur la formulation de la décision de 2005, indiquant qu'elle a pour limite l'élection d'octobre 2005, et n'est pas valide pour toute autre élection (dont celle de 2010 théoriquement).

Enfin, la faculté de pouvoir se présenter à une élection est un droit constitutionnel, supérieure à la décision présidentielle, prise dans un contexte et des circonstances exceptionnelles. La décision de 2005 est ainsi jugée caduque.

Régularité de l'élection

Le Conseil constitutionnel est, selon l'Article 31 de la Constitution, garant de la régularité de l'élection, de l'examen des réclamations et de la proclamation des résultats.

En cas d'empêchement d'un candidat ou du président, ou bien de vacance du pouvoir, il peut selon la Constitution conduire à retarder ou bien avancer l'échéance électorale.

Si sont décelées de graves irrégularités entachant la sincérité du scrutin et en changeant le résultat d'ensemble, le Conseil constitutionnel doit prononcer l'annulation de l'élection et un nouveau scrutin est fixé.

Alassane Ouattara est investi le 21 mai 2011 à Yamoussoukro par le Conseil constitutionnel au cours d'une cérémonie d'investiture à laquelle sont présents de nombreux chefs d'État dont Nicolas Sarkozy.

Des élections législatives sont organisées en décembre. En mars 2012, Guillaume Soro est élu président de l'Assemblée nationale.

En novembre 2012, Alassane Ouattara dissout le gouvernement.

Depuis cette période, l'opposition, principalement incarnée par le Front populaire ivoirien et le LIDER, n'a que peu participé au jeu démocratique, en boycottant les élections législatives de 2011 et locales de 2013.

Le FPI a également appelé au boycott de l'opération de recensement de la population sur le territoire national.

En outre, des restes de la crise ivoirienne de 2010-2011 sont toujours présents dans la politique ivoirienne, chaque parti se refuse à tout inventaire des erreurs commises dans son camp, préférant se réfugier derrière le soutien aux victimes de son camp, et ce malgré la libération de nombreux proches de Laurent Gbagbo et le retour de nombreux réfugiés.

C'est également dans ce contexte que la justice, défaillante, est accusée d'être partiale ou à deux vitesses.

Déchirures internes au FPI et PDCI

De profondes divergences d'opinion et de courants sont apparues au sein du PDCI et du FPI, comptant parmi les plus anciens et importants partis de Côte d'Ivoire.

Le PDCI doit faire face à un nouveau courant, conduit par Bertin Konan Kouadio, qui s'oppose à l'ancien chef de l'État et président du parti Henri Konan Bédié.

Cette tendance s'oppose catégoriquement à l'Appel de Daoukro prononcé par ce dernier, qui prône un ralliement à Alassane Ouattara et en fait le candidat unique de la coalition RHDP, dont le PDCI et le RDR sont les deux principaux piliers.

Ce courant s'oppose aussi conceptuellement de manière plus radicale au RDR et à Alassane Ouattara, Bertin Konan Kouadio allant jusqu'à envisager de participer à une coalition anti-ouattara avec le LIDER de Mamadou Koulibaly et les frondeurs du FPI.

Le FPI est de loin le parti de plus déchiré : En proie à une guerre interne entre les pragmatiques menés par Pascal Affi N'Guessan, et les pro-Gbagbo menés par Aboudramane Sangaré.

Cette déchirure a pour toile de fond la présidentielle de 2015, à laquelle souhaite se présenter Pascal Affi N'Guessan sous la bannière du FPI qu'il préside, et ce avec l'aide d'importants soutiens dont celui de Marcel Gossio, ancien directeur du Port autonome d'Abidjan.

Il a ainsi engagé un processus de redynamisation et de rajeunissement du parti, et renoué le dialogue avec le gouvernement et la présidence.

Ce sont ces faits que reprochent les ultras au président du FPI, percevant ces actes comme une traîtrise ayant pour but de pousser Laurent Gbagbo, en attente de procès à la cour pénale internationale, hors de la scène politique ivoirienne.

Les pro-Gbagbo ne reconnaissent pas la présidence d'Alassane Ouattara ni son gouvernement, et le considèrent comme un dictateur installé en 2011 par la France et les Nations unies.

Ils considèrent toujours Laurent Gbagbo comme ayant été élu à la précédente élection présidentielle et souhaitent qu'il soit candidat à la primaire du FPI en vue du scrutin d'octobre 2015 et ce malgré son emprisonnement.

Ils refusent également toute participation à une quelconque élection sans la libération de Gbagbo, qu'ils considèrent toujours comme leur leader.

Le 29 décembre 2014, la justice ivoirienne a invalidé la candidature de Gbagbo, à la suite d'une plainte déposée par Pascal Affi N'Guessan.

Le 3 avril 2015, la justice ivoirienne confirme Pascal Affi N'Guessan dans sa fonction de président du FPI et interdit à Aboudramane Sangaré et ses soutiens (Simone et Michel Gbagbo entre autres) d'utiliser le nom et le logotype du parti.

Forte croissance économique

En 2015, la situation politique s'est progressivement normalisée en Côte d'Ivoire avec le redéploiement de l'État sur l'ensemble du territoire national et la réhabilitation d'une justice, quoique toujours défaillante.

La Côte d'Ivoire évolue dans un contexte de nombreuses réformes, de forte croissance économique et de grands chantiers, encouragée par plusieurs institutions, notamment la Banque mondiale, le Fonds monétaire international et bon nombre de bailleurs de fonds.

Le retour de la Banque africaine de développement et de son siège à Abidjan, après avoir fui le pays en 2003 pour se délocaliser à Tunis, est largement mis en avant comme un signe de normalisation et de crédibilité.

La création d'entreprise est encouragée et largement facilitée, tandis que de nombreuses firmes internationales s'implantent à nouveau en Côte d'Ivoire.

Des usines et de nouveaux centres commerciaux s'implantent à nouveau, à mesure que le climat des affaires progresse et s'améliore continuellement.

Mais la population continue de faire face à des difficultés tels que le chômage fort, la corruption omniprésente et un coût de la vie qui reste très élevé pour une majorité de la population, même pour des expatriés.

Ces difficultés sont particulièrement dénoncées par les partis d'opposition dont le LIDER, critiquant ainsi la forte croissance économique comme étant appauvrissante.

Si l'agglomération d'Abidjan connaît de nombreux travaux et un dynamisme nouveau, ce n'est pas le cas de l'ensemble des villes, notamment dans le Nord à l'instar de Bouaké : jadis un pôle industriel, commercial et culturel majeur jusque dans les années 1980, la ville est sortie très sinistrée socialement et économiquement de la décennie de crise politico-militaire.

Comme d'autres, elle compte de nombreux bâtiments en ruines, un chômage fort, une criminalité élevée, et des infrastructures défaillantes.

Tensions politiques et institutionnelles imprévisibles

La population reste dans l'ensemble marquée par la guerre civile ivoirienne et la violence politique en général. Celle-ci est apparue peu de temps avant la mort de Félix Houphouët-Boigny en 1993, et s'est amplifiée dès 1999 avec le coup d'État de Robert Guéï.

Les échéances électorales sont encore perçues par les observateurs comme des périodes potentiellement à forte tension.

Et malgré les progrès réalisés, la Côte d'Ivoire reste en 2014 un état en alerte de défaillance imminente.

La Côte d'Ivoire est classée 86e sur 180 pays par Reporters sans frontières en 2015 (contre 96e en 2013 et 159e en 2012).

Le pays compte vingt-quatre médias de presse écrite de toutes tendances politiques. Ils sont cependant très souvent rattachés à un parti politique et rares sont les titres indépendants de toute obédience.

Les principaux griefs à l'égard de la presse ivoirienne relèvent des dérives militantistes, d'accroches sensationnelles, de diffusion de rumeurs, voire d'attaques (injure, diffamation, calomnie).

Ces dérives ont amplifié des tensions, causant de graves incidents dans certaines localités lors des élections locales de 2013.

Face aux craintes des investisseurs, le gouvernement ivoirien tente régulièrement de rassurer et d'appeler à des élections justes, apaisées, transparentes et sécurisées.

Fixation des dates

Les dates du scrutin seront annoncées par le président du conseil constitutionnel Mamadou Koné. Le premier tour du scrutin est prévu pour se tenir le 25 octobre 2015.

Les Candidatures retenues

10 candidatures ont été retenues par le Conseil constitutionnel :

Alassane Ouattara, RHDP (RDR, PDCI, UDPCI et MFA)

Pascal Affi N'Guessan, AFD (FPI, PIT et 8 autres mouvements politiques)

Mamadou Koulibaly, CNC (LIDER et autres partis)

Bertin Konan Kouadio, CNC, dissident PDCI

Charles Konan Banny, CNC, dissident PDCI

Essy Amara, dissident PDCI

Siméon Konan Kouadio

Henriette Lagou Adjoua

Jacqueline-Claire Kouangoua

Gnangbo Kacou

Les Candidatures exclues

23 autres candidats ont déposé un dossier mais leur candidature n'a pas été retenue.

Parmi ceux-ci, notons :

Jérôme Kablan Brou, CNC, dissident PDCI

Martial Joseph Ahipeaud, CNC et Union pour le développement et les libertés

Zadi Djédjé, Front populaire uni

Israël N'Goran

Éloi Bolou Gouali

Désistements

Trois candidats (Charles Konan Banny, Mamadou Koulibaly et Essy Amara) dont la candidature a été acceptée par le Conseil constitutionnel ont finalement choisi de ne pas se présenter.

Liste finale des candidats

Alassane Ouattara de la coalition RHDP (RDR, PDCI, UDPCI et MFA)

Pascal Affi N'Guessan de la coalition AFD (FPI, PIT et 8 autres)

Résultats

Alassane Ouattara de la coalition RHDP (RDR, PDCI, UDPCI et MFA) est réélu dès le premier tour de l'élection présidentielle de 2015 avec 80% des voix (2 618 229).

Référendum constitutionnel ivoirien de 2016

Plusieurs millions d'ivoiriens étaient appelés à se prononcer sur le référendum constitutionnel voulu par le président Alassane Ouattara le 30 octobre 2016. Un référendum qui a divisé les ivoiriens puisqu'une bonne partie de l'opposition a appelé à boycotter le scrutin.

Les résultats

Le texte voulu par le président Alassane Ouattara a recueilli 93,42 % de suffrages favorables pour un taux de participation de 42,42 %.

Le « oui » à la nouvelle Constitution ivoirienne a obtenu la majorité des suffrages au référendum boycotté par l'opposition.

C'est le président de la Commission électorale indépendante (CEI), Youssouf Bakayoko, qui a annoncé les résultats. La participation n'a atteint que 42,42 % des près de 6,3 millions d'électeurs qui étaient appelés aux urnes.

L'adoption du texte voulu par le président Alassane Ouattara ne faisait aucun doute, le taux de participation étant le principal enjeu de ce scrutin.

La nouvelle Constitution prévoit notamment la création d'un poste de vice-président et d'un Sénat.

Elle évacue notamment le concept d'« ivoirité » en clarifiant les conditions d'éligibilité du président.

Elle prévoit que le président de la République doit être ivoirien d'origine, né de père et de mère eux-mêmes ivoiriens d'origine (article 35).

Pour l'opposition, qui avait appelé au boycottage du scrutin, la faible participation signifie le succès de leur mot d'ordre, et est le signe que le texte doit être retiré. Ils reprochent au pouvoir de n'avoir pas consulté l'opposition ni la société civile.

Le Conseil constitutionnel valide le référendum

Le 4 novembre 2016, le Conseil constitutionnel ivoirien a validé la victoire du "oui" au référendum sur la nouvelle constitution.

Le projet de Constitution est adopté par 93,42% des voix contre 6,58% et devient la Constitution de la République de Côte d'Ivoire, selon le texte lu par Mamadou Koné, le président du Conseil constitutionnel, qui n'a donc pas modifié les résultats annoncés par la Commission électorale indépendante (CEI).

Les réclamations des partis politiques Lider et du Front populaire ivoirien (FPI) sont rejetés.

L'opposition, qui avait choisi de boycotter le scrutin, avait dénoncé une fraude massive et des résultats truqués.

La Côte d'Ivoire va donc entrer dans sa IIIe République dès la promulgation du texte par le président.

La nouvelle Constitution doit permettre de tourner la page d'une décennie de crise politico-militaire notamment en clarifiant les conditions d'éligibilité du président.

Étymologie et toponymie

La dénomination de Côte d'Ivoire est la traduction en français du nom portugais de Costa do Marfim donné par les commerçants navigateurs en route vers l'Inde, qui apparaît sur les portulans portugais à la fin du 17e siècle.

En octobre 1985 le gouvernement ivoirien a exigé de tous les pays qu'ils utilisent, pour dénommer officiellement le pays, le nom en français de Côte d'Ivoire (de manière similaire aux noms de certains pays qui ne sont pas traduits comme Costa Rica, Sierra Leone, etc.).

Ce nom officiel s'écrit sans trait d'union, faisant exception, comme certains autres noms de pays, aux règles de la typographie française qui prescrivent habituellement, pour la graphie des noms d'unités administratives ou politiques, des traits d'union entre les différents éléments d'un nom composé et une majuscule à tous les éléments (sauf articles…) ; ce qui donnerait normalement Côte-d'Ivoire.

Hors des pays francophones, dont le français n'est pas langue nationale, le nom de Côte d'Ivoire en français reste d'usage purement diplomatique, les médias et les populations continuant à s'exprimer usuellement dans leurs propres langues : Elfenbeinküste en allemand, Costa do Marfim en portugais, et Costa de marfil en espagnol.

Depuis 1985, le pays a donc, dans les pays non-francophones, deux noms : le nom officiel en français sans trait d'union, et un nom vernaculaire selon la langue et les règles de chaque pays.

La Côte d'Ivoire est communément appelée la terre d'Éburnie.

Les langues en Côte d'Ivoire

Le français est la langue officielle et la langue de l'enseignement scolaire avec 34% des habitants du pays qui la comprennent, dont 69% des habitants de la plus grande ville du pays Abidjan.

Les langues d'origine africaines en Côte d'Ivoire appartiennent à quatre principaux groupes linguistiques : Akan et Krou dans le sud du pays, Mandé et Voltaïque dans le nord ; il y a un total de plus de 100 langues africaines.

Les plus parlées sont le Dioula (langue mandingue) qui est parlé par 60 % de la population ivoirienne. Les autres langues populaires sont le sénoufo, le baoulé et le bété.

D'autres langues comme le Yacouba et l'Agni sont aussi des langues importantes.

Ces six ethnies à elles seules représentent la majorité des ivoiriens.

En outre, la langue dioula est utilisée par la majeure partie des commerçants souvent illettrés.

Parmi les autres langues usitées on note les dialectes gouro, krou (dont le néyo, le dida, le nyabwa, le wé appelé krahn au liberia) et les langues kwa (telles que l'abé, l'abouré, l'abron, l'adjoukrou et l'avikam...).

En outre, une bonne partie des habitants du pays pratiquent le français, langue officielle de l'État.

La Côte d'Ivoire est membre de l'Organisation internationale de la francophonie.

Évolution linguistique

Les Mandé forestiers (Dan, Gban et Kwéni) sont arrivés aux entre le 11e siècle et le 16e siècle, en provenance de la zone du Sahel.

Aux 14e siècle et 15e siècle, d'autres groupes venus du nord (Ligbi, Numu et quelques clans Malinké) s'installent à leur tour, ce qui provoque quelques déplacements limités de populations plus anciennement établies (Krou sur la côte avant le 15e siècle et Sénoufo).

Les 16e siècle et 17e siècle consacrent l'arrivée au nord de plusieurs clans Malinkés (Kamagaté, Keita, Binate, Diomandé) et Sénoufo et au sud-est, des peuples en provenance de la basse vallée de la Volta (Efié, Essouma, Abouré, Alladian et Avikam).

L'un de ces groupes akan (Abron) s'installe dans la région de Bondoukou à l'est du pays.

Le 18e siècle consacre les grandes migrations akan (Agni, Baoulé, Atié, Abbey, Ébriés, M'Battos, Abidji) dans le sud-est et le centre du pays ainsi que celle d'autres groupes malinkés (en provenance des rives de la Volta noire) et du sud des territoires actuels du Mali et du Burkina Faso.

Ces migrations sont causes de conflits entre les populations, mais permettent surtout de tisser de nombreuses alliances politiques et matrimoniales ainsi que des parentés à plaisanterie.

Ainsi se met en place le système linguistique que les colonisateurs vont trouver aux 19e siècle et 20e siècle, et auquel ils surimposeront le français, aujourd'hui langue officielle et d'enseignement de la Côte d'Ivoire.

Alphabétisation

Le niveau de l'analphabétisme reste à un niveau relativement élevé bien qu'ayant enregistré une baisse de 0,5 point en moyenne par an depuis 1998 (63 %).

Les résultats du RGPH 2014 indiquent que sur la base de la population de 15 ans et plus (13 185 520 individus), plus de la moitié (56,1 %) ne savent ni lire, ni écrire dans une langue quelconque.

Ce taux varie de 30,1 % pour la Ville d'Abidjan à 84,7 % dans la région du Folon.

Aussi, ce taux est plus marqué dans les régions du nord du pays (plus de 70 %) que dans celles du sud autour d'Abidjan (en deçà de la moyenne nationale).

Par ailleurs, les femmes sont moins alphabétisées que les hommes (63 % contre 49 %).

En 2014, 58 % des habitants d'Abidjan de 15 ans et plus savent lire et écrire le français tandis que 69 % savent le parler et le comprendre.

Géographie

Le territoire de la Côte d'Ivoire présente l'aspect d'un quadrilatère, dont le sud offre une façade de 520 km sur l'océan Atlantique, dans la partie occidentale du golfe de Guinée.

Le pays est caractérisé par un relief peu élevé. Les terres sont constituées en majeure partie de plateaux et plaines.

L'ouest du pays, région montagneuse, présente toutefois quelques reliefs au-delà de mille mètres (le mont Nimba culmine à 1 752 m).

Hormis cette région, les altitudes varient généralement entre 100 et 500 mètres, la plupart des plateaux se situant autour de 200 à 350 mètres.

Ceux-ci présentent différents aspects. Les plateaux les plus élevés sont rigides dans leurs formes ainsi que dans leurs matériaux ; ceux de niveaux intermédiaires ont assez souvent des formes émoussées ; les plus bas présentent quant à eux une certaine rigidité, mais sont constitués de matériaux meubles. Des étendues énormes et verticales rigoureusement tabulaires et horizontales sont parfois présentes dans les régions de savanes, mais également sous les petits accrocs de savanes incluses dans la forêt dense.

L'élément dominant de ces plateaux est constitué par une cuirasse ferrugineuse visible en surface sous forme de dalles de teinte rouille, mais parfois voilées de sables, de gravillons ou produits plus fins.

Les eaux, qui couvrent environ 1,38 % de la superficie totale du pays, sont constituées au sud par l'océan (Atlantique), les lagunes dont les plus célèbres sont les complexes Aby-Tendo-Ehy, Ebrié, Grand-Lahou-Lagune Tadio-Makey-Tagba, ainsi que d'eaux mortes.

De nombreux cours d'eau avec souvent des débits extrêmes, drainent tout le territoire. Au nombre de ceux-ci figurent quatre grands fleuves qui sont le Cavally (700 km), le Sassandra (650 km), le Bandama (1 050 km) et la Comoé (1 160 km).

D'autres cours d'eau importants sont tributaires de ces derniers ou forment des bassins versants indépendants en tant que fleuves côtiers comme le Tabou, le Néro, le San-Pedro, le Bolo, le Niouniourou, le Boubo, l'Agnéby, la Mé, la Bia.

À cet ensemble s'ajoutent des ruisseaux et plusieurs étendues marécageuses.

Géologie

Les sols présentent la même apparence que ceux que l'on rencontre en grande partie en Afrique de l'Ouest : ils sont souvent meubles, parfois indurés, d'un matériau dont la couleur se situe habituellement dans la gamme des rouges, allant de l'ocre au rouille sombre.

Toutefois, l'empreinte des milieux équatoriaux sur les sols ivoiriens est proportionnellement plus marquée que dans la quasi-totalité des territoires qui se situent au nord du golfe de Guinée.

Tout comme le relief, les sols sont influencés de manière souvent déterminante par la composition des roches.

Le soubassement rocheux de la Côte d'Ivoire est diversement constitué et presque invisible, à l'exception des dômes cristallins. Il est formé en quasi-totalité par des roches de socle, cristallines ou phylliteuses, présentant divers degrés de métamorphisation.

Les formations cristallines occupent environ les deux tiers du pays et sont subdivisées en cinq grandes familles par les géologues : les migmatites et les gneiss (anciennes roches plutoniques, volcaniques ou sédimentaires métamorphosées), les charnockites (granites à hypersthène) et norites, les granites baoulé qui elles-mêmes comprennent plusieurs variétés de roches, la catégorie des roches riches en minéraux noirs (diorites ou granodiorites) et les granites de Bondoukou (fréquemment granodioritiques mais parfois alcalins également).

Quant aux roches phylliteuses, elles sont essentiellement composées de schistes, qui divergent en fonction des caractères des sédiments originels qui les ont formés et des degrés de métamorphismes qu'ils ont subis.

Mais elles comprennent également quelques quartzites et grès-quartzites. Sont assimilées à cette famille les roches communément appelées roches vertes en Côte d'Ivoire (métamorphiques mais d'origine non sédimentaire).

Le socle ivoirien est bordé par une minuscule couverture sédimentaire constituée surtout de sables argileux d'origine continentale, d'argiles, sables et vase d'origine marine.

Les sols ferralitiques couvrent la majeure partie du territoire ivoirien. Ils sont notamment présents dans l'Est, l'Ouest, le Sud, les zones forestière et pré-forestière, les zones de savanes soudanaises ou sub-soudanaises, les aires septentrionales, etc.

Les sols ferrugineux tropicaux qui se rencontrent sur des roches granitoïdes ont leur extension majeure dans le Nord-Est du pays, autour de la localité de Bouna et dans l'interfluve entre le haut N'Zi et la haute Comoé.

Les trois dernières classes citées sont beaucoup plus étroitement localisées ; elles sont situées en topographie accidentée et se rencontrent dans les régions de buttes du Yaouré et de Bondoukou, de la haute Comoé et dans les chaînes des localités de Sifié, d'Oumé à Fetékro.

Climat

Compris entre 4° et 10° de latitude nord, le territoire de la Côte d'Ivoire est distant de l'équateur d'environ 400 km sur ses marges méridionales, et du tropique du Cancer d'environ 1 400 km sur ses frontières septentrionales.

Le climat, généralement chaud et humide, constitue dès lors une transition entre l'équatorial et le tropical.

Le pays connaît en général des variations importantes de température entre le nord et le sud, mais également le long de l'année en fonction des saisons.

Les températures oscillent autour de 28 °C en moyenne. Deux grandes zones climatiques se côtoient : le climat équatorial et le climat tropical de savane, lui-même plus ou moins sec.

Le climat subéquatorial est caractérisé par des températures de faibles amplitudes de (25 °C à 30 °C), un fort taux d'humidité (de 80 à 90 %) et des précipitations abondantes, qui atteignent à Abidjan 1 766 mm3 et à Tabou 2 129 mm3.

Cette zone connaît deux saisons sèches et deux saisons humides.

La grande saison sèche, chaude, est entrecoupée de quelques pluies et s'étend du mois de décembre au mois d'avril.

La petite saison sèche couvre les mois d'août et de septembre. Quant aux saisons de pluie, elles s'échelonnent de mai à juillet pour la grande et d'octobre à novembre pour la petite.

Le climat tropical de savane humide couvre le nord de la zone forestière du sud et le sud de la région des savanes.

Les températures, à amplitudes plus importantes, y oscillent entre 14 °C et 33 °C avec une hygrométrie de 60 % à 70 % et des précipitations annuelles de 1 200 mm3 à Bouaké.

Cette région climatique connaît également quatre saisons : deux saisons sèches, de novembre à mars et de juillet à août et deux saisons pluvieuses, de juin à octobre et de mars à mai.

Le climat de savane sec concerne principalement la Région des Savanes.

Les amplitudes thermiques quotidiennes et annuelles y sont relativement importantes, de l'ordre de 20 °C, le taux d'humidité, inférieur à celui du sud du pays, varie de 40 % à 50 %.

La zone considérée est caractérisée par la présence intermittente entre les mois de décembre et février d'un vent frais et sec, l'harmattan.

On y relève deux saisons : l'une sèche, de novembre à juin, ponctuée par quelques pluies au mois d'avril, et l'autre pluvieuse, couvrant la période de juillet à octobre. Les précipitations moyennes enregistrées sont de 1 203 mm à Korhogo.

Ces climats induisent quatre grands types de biomes différents, que le WWF désigne par écorégions.

La savane ouest soudanienne, au nord du 8e parallèle, recouvre près du tiers du territoire.

Le tiers sud du pays est lui à cheval sur deux écorégions : à l'ouest l'écorégion de forêts appelée « forêt de plaine de l'ouest guinéen » ainsi qu'au centre sud et au sud-est l'écorégion de la forêt de l'est guinéen, séparée par le Sassandra.

Entre ces deux zones, la mosaïque de forêt-savane guinéenne, entrecoupée de zones ripariennes et de zones humides au centre du pays, présente de nombreux points de forêt sèche assez dense.

En outre, le centre ouest du pays abrite une petite écorégion de montagne appelée forêt de montagne ouest-africaine.

Ces trois zones sont incluses par la Conservation International dans le point chaud de biodiversité de la forêt haute-guinéenne. Il existe aussi deux mangroves, de l'écorégion de mangrove guinéenne, une à l'ouest d'Abidjan, à l'embouchure de la Bia et l'autre à l'ouest à l'embouchure du Boubo.

Le climat d'Odienné, une ville du nord-ouest, est influencé par la présence des montagnes, la pluviométrie y est plus élevée avec 1 491 mm3 et les températures y sont plus basses, que plus à l'est.

La pluviométrie de cette zone est même de 1 897 mm3 à Man.

Faune et flore

Le couvert végétal s'est considérablement modifié au cours des années.

Le paysage de base, constitué par les forêts denses, globalement subdivisées en forêts hygrophiles et forêts mésophiles, occupe à l'origine un tiers du territoire au sud et à l'ouest.

Il est complété par les forêts claires ou savanes arborées ou boisées, qui s'étendent du Centre au Nord, avec toutefois de nombreux points de forêt dense sèche.

De petites mangroves en outre existent sur la côte.

Depuis la période coloniale, les surfaces de forêts denses ont connu, par le fait de l'homme (plantations arbustives, exploitations forestières), une importante réduction.

Le patrimoine forestier ivoirien est estimé en 2007 à 6 000 000 hectares ; il était estimé à près du double dans les années 1920.

La faune présente une richesse particulière, avec de nombreuses espèces animales (vertébrés, invertébrés, animaux aquatiques et parasites).

Parmi les mammifères, l'animal le plus emblématique reste l'éléphant, dont les défenses, constituées d'ivoire, ont jadis été une importante source de revenus.

Espèce autrefois abondante en forêt comme en savane, l'éléphant a été intensément chassé et braconné.

Aussi ne subsiste-t-il que dans les réserves et parcs et en quelques points des forêts où il est côtoyé par les deux espèces d'hippopotames, celle de savane répandue dans toute l'Afrique, et l'espèce pygmée, localisée aux forêts du pays et du Liberia voisin, l'hylochère ou sanglier géant, les antilopes et céphalophes, des buffles, des singes encore nombreux, des rongeurs, des pangolins et des carnivores, parmi lesquels le lion, la panthère et la mangouste.

Les oiseaux, dont plusieurs centaines d'espèces ont été identifiées, embellissent les paysages.

On trouve également de nombreux reptiles (serpents, lézards, caméléons...), batraciens et poissons d'eau douce, et d'innombrables espèces d'invertébrés comme des mollusques, insectes (papillons, scarabées, fourmis, termites...), araignées et scorpions, etc.

Certains animaux, célèbres dans la zone plus humide du Sud, deviennent, à l'image de quelques sous-espèces du Chimpanzé commun, plus rares.

Bien d'autres espèces sont en voie de disparition.

Protection de l'environnement

La création et l'aménagement des aires protégées participent de la volonté du gouvernement ivoirien de protéger l'environnement, notamment le couvert forestier en nette régression et certaines espèces animales rares ou en voie de disparition.

Le ministère ivoirien de l'Environnement, de la salubrité urbaine et du développement durable assure la mise en œuvre de la politique de gestion de l'environnement et des aires protégées.

Des plans de réintroduction d'animaux, notamment pour le rhinocéros noir et la girafe qui avaient disparu de certaines zones ont été menés à bien, par exemple dans la nouvelle Réserve d'Aboukouamékro.

Le gouvernement doit aussi faire face, comme ailleurs, au problème du trafic d'animaux auquel, de l'avis de certains observateurs, une solution satisfaisante n'a encore pu être trouvée.

En 2002, on a recensé 1 554 kg d'ivoire dans les boutiques pour touristes d'Abidjan.

En 2008 on dénombre huit parcs nationaux et près de 300 réserves naturelles de plusieurs types dont quinze réserves botaniques.

Six zones protégées sont inscrites à la convention de Ramsar, trois le sont au patrimoine mondial de l'UNESCO et deux sont des réserves de biosphère.

Parmi les parcs, figure le Parc national de la Comoé fondé en 1968, qui couvre 1 150 000 hectares et 500 km de pistes carrossables.

Il occupe près du quart de la zone forestière du pays et est l'une des plus grandes aires protégées d'Afrique.

Y ont été recensés notamment 75 000 cobes de Buffon, 14 000 bubales, 3 000 hippotragues, 6 000 buffles, 1 200 éléphants, 700 hippopotames et environ 250 lions, mais le parc de la Comoé renferme aussi de très nombreuses autres espèces d'antilopes comme le céphalophe, dont six familles différentes ont été identifiées, des singes, des hyènes, des panthères, des mangoustes, d'innombrables oiseaux.

Le Parc national de Taï (350 000 hectares), prolongé au nord par la réserve de faune du N'Zo (70 000 hectares), est surtout axé sur la préservation de la forêt primaire (forêt vierge). Un embranchement permet d'atteindre, à l'intérieur de celui-ci, le mont Niénokoué qui le domine, ainsi que les derniers géants végétaux.

Le Parc national de la Marahoué s'étend sur 100 000 hectares.

Le Parc national du Mont Péko (34 000 hectares) est surtout réputé pour sa végétation : flore de montagne et forêt primaire.

Le Parc national d'Azagny est situé au bord de l'océan à l'embouchure du Bandama, sur 30 000 hectares essentiellement constitués de savane marécageuse avec des palmiers, où l'on peut apercevoir des troupeaux d'éléphants et de buffles.

La réserve de faune du Haut-Bandama (123 000 hectares) couvre une zone de savane et abrite des éléphants, des buffles et antilopes.

Le Parc national du Mont Sangbé, d'une superficie de 95 000 hectares est entièrement situé en zone montagneuse (14 sommets de plus de 1 000 m dans les monts du Toura) ; il est giboyeux et abrite une flore particulière.

Le Parc de Kossou, né de la nécessité de reloger les animaux menacés de la noyade par la montée des eaux du barrage de Kossou, s'étend sur 5 000 hectares.

Le Parc national du Banco (3 000 hectares), situé aux portes d'Abidjan, est un exemple de forêt primaire avec des acajous, framirés, avodirés, niangons, espèces devenues très rares.

Le Parc national des îles Ehotilé, un parc marin créé en 1974 et situé sur la lagune Aby à l'Est d'Abidjan, présente un intérêt particulier pour les recherches historiques et archéologiques.

Démographie

Il y a plus de 60 peuples dont quelques principaux sont les : Baoulés, Agnis, Abron, Abbey ou Abé, Akié, Malinkés, Dan, Gouros, Sénoufos, Lobis, Koulangos, Bétés, Wè, Didas, Kroumen, Bakwés, Godiés, Néyo, ...

Augmentation rapide de la population urbaine

L'estimation de la croissance urbaine nécessite avant toute chose la définition de l'espace urbain, ce qui n'est pas un exercice facile en Côte d'Ivoire où la réalité urbaine a varié au cours du temps, s'appuyant soit sur le critère administratif ou démographique, soit sur leur association.

Lors du recensement de 1975, la ville était définie comme une localité ayant plus de 10 000 habitants et comptant entre 4 000 et 10 000 habitants avec au moins 50 % des chefs de ménage ayant une activité non agricole.

Ce critère a été revu après le recensement de 1998.

En effet la ville est désormais une localité de plus de 3 000 habitants agglomérés, dotée de fonctions politiques et administratives, la distinguant des villages par le niveau des équipements et par une population active non agricole dépassant 50 %.

Dans une perspective de suivre dans le temps la progression de la population urbaine, les différentes définitions montrent que les critères utilisés et les variations qu'ils ont connues empêchent de cerner concrètement le phénomène.

Partant de ce critère démographique, la population urbaine issue des différents recensements parait sous-estimés.

Elle est passée de 2 146 293 en 1975 à 4 220 535 en 1988 et à 6 529 138 en 1998, soit un doublement en 13 ans et un triplement en 23 ans.

Elle a augmenté de 7 % sur la période 1975-1988 contre 4 % sur la période 1988-1998. Il y a donc eu une période de forte croissance due aux performances économiques des années 1960 à 1970, suivie d'une période de régression entraînée par crise économique des années 1980.

D'une manière générale, la population urbaine a rapidement augmenté en Côte d'Ivoire.

Ce pays aurait connu depuis la fin des années 1990, si l'on s'en tient au critère de 5 000 habitants agglomérés, la transition urbaine ; c'est-à-dire le passage à la majorité urbaine.

Natalité

Niveaux et tendances de la fécondité

L'analyse de la fécondité implique la prise en compte de différents indicateurs.

Les taux bruts de natalité (TBN) donnent les naissances pour 1000 habitants mais sont influencés par la variation de la structure de la population par âge.

Un autre indicateur appelé taux de fécondité général (TFG) est alors utilisé parce qu'il ne considère que la population féminine d'âge fécond.

Il représente le nombre annuel moyen de naissances dans cette population et présente aussi des limites à cause de la variation de la fécondité dans les groupes d'âges.

Ce faisant, les taux de fécondité par groupes d'âges (TFA) et les indices synthétiques de fécondité (ISF) qui mesurent l'intensité totale pour une année de calendrier ont été utilisés.

De 2011 à 201, l'ISF est de 5.0 ; 3,7 en milieu urbain et 6,3 en milieu rural.

De 1960 à 1981 : Phase de forte fécondité

Elle est caractérisée par des taux de fécondité élevés à tous les âges. La fécondité a été précoce et le calendrier des naissances n'a pratiquement pas changé.

Les taux augmentent vite pour atteindre leur niveau maximum entre 20-29 ans avant de baisser aux âges supérieurs.

Même après 40 ans plusieurs femmes continuent d'avoir des enfants.

Il faut donc s'attendre à une parité progressant linéairement et à des descendances élevées.

Les hausse des taux entre 1978 et 1981 a conduit à la hausse d'environ un enfant par femme.

Pourtant l'analyse des données des Nations Unies indique une légère hausse de la fécondité.

Si la fécondité est longtemps restée élevée, c'est parce que les ivoiriennes souhaitaient avoir beaucoup d'enfants.

Le nombre d'enfants souhaités par les femmes de plus de 30 ans correspond exactement au niveau de fécondité légitime qui a prévalu durant deux décennies.

Après 1981 : Phase de transition

Cette phase est marquée par la baisse continue des taux de fécondité par groupes d'âges.

Exception faite des femmes en fin de procréation dont la fécondité est influencée par l'âge, les réductions les plus importantes ont concerné les filles âgées de 15-19 ans.

Elles ont réduit de 28 % leur fécondité entre l'EIF et le recensement de la population de 1988 et de 18,5 % entre les enquêtes démographiques de 1994, 1998 et 1999.

Pour la plupart des groupes d'âges, les baisses enregistrées entre l'EIF et le RGPH ont été supérieures à celles des autres périodes.

Trois événements permettent d'affirmer que la fécondité a amorcé sa transition.

- Primo, la contribution des adolescentes à la fécondité totale a régulièrement baissé passant au niveau national de 16,1 % en 1980, à 12,3 % en 1988 puis à 11 % en 1994 ;

-Secundo, les jeunes filles âgées de 20-24 ans ont réduit leur fécondité de plus du tiers en moins de vingt ans. Les taux sont passés de 313 enfants nés vivants pour 1000 filles en 1980 à 245 pour 1000 en 1994 puis à 220 pour 1000 en 1998 ;

-À la réduction importante de la fécondité chez les adolescentes et les filles, s'ajoute tertio le décalage du maximum de fécondité.

Alors qu'en 1980, les filles de 20-24 ans étaient les plus fécondes, en 1988, ce sont leurs aînées de 25-29 ans qui l'étaient.

L'ISF est passé de 7,4 à 5 enfants par femme entre 1980 et 2012, soit une réduction de plus de deux enfants en trente ans.

Une forte présence de la population étrangère en Côte d'Ivoire

La politique migratoire parce qu'elle a encouragé durant une longue période la venue des étrangers en Côte d'Ivoire pour promouvoir le développement économique, révèle l'attitude populationniste du gouvernement.

En vue de faciliter leur intégration, le président Houphouët avait proposé en 1966 la double nationalité aux ressortissants d'Afrique Occidentale Française pour leur donner le sentiment d'appartenir à la nation.

De par cette politique, la Côte d'Ivoire est devenue en moins de trente ans le principal pays d'immigration d'Afrique de l'Ouest.

Cinq ans après son indépendance, elle comptait déjà 700 000 étrangers.

Cette population a doublé dix ans plus tard, et en 1988, un individu sur trois était étranger.

Les plus importants sont les migrants des pays limitrophes que sont le Burkina Faso, le Mali et la Guinée.

Les ressortissants de ces trois pays représentaient au début des années 1980, plus de 80 % des étrangers.

Il faut aussi citer les contingents de réfugiés libériens, Sierra Léonais et Congolais.

En 2015, plus de 4 millions d'étrangers vivent dans ce pays, soit 26,5 % de la population.

En plus de sa rapidité, cette migration a d'abord concerné les hommes qui venaient pour servir de main-d'œuvre à la réalisation des projets de développement des années 1960 à 1970.

Ainsi durant cette période, la population totale s'est accrue beaucoup plus rapidement que l'effectif total des femmes.

La différence s'est estompée au milieu des années 1980 avec la crise.

Elle s'est même inversée au début des années 1990, période marquée par l'instauration de la carte de séjour des étrangers. Et depuis, la tendance est la baisse continue du rythme de croissance de la population étrangère.

L'augmentation rapide des étrangers a contribué à la croissance des villes ivoiriennes.

Entre 1978 et 1979, deux étrangers sur trois immigraient en ville dont 41 % à Abidjan.

Les Maliens se sont installés majoritairement en ville avec un quart de leur effectif à Abidjan.

Contrairement à eux, les Burkinabés se sont installés dans les régions à forte production de cultures d'exportation.

Plus de la moitié des sénégalais et des nigérians résident actuellement dans la capitale.

En fin de compte, la présence importante des étrangers participe à l'augmentation des nationaux par le jeu de la naturalisation.

Ainsi 15 146 et 88 714 étrangers ont acquis la nationalité ivoirienne respectivement en 1988 et 1998 ; soit un taux d'accroissement moyen annuel de 5,3 %.

Composition ethnique et linguistique

La population ivoirienne est caractérisée par sa diversité ethnique.

Les Naturalisés sont encore minoritaires (1,1 %).

Leur effectif a augmenté de l'ordre de 5,3 % l'an entre les recensements de 1988 et de 1998.

Il s'agit de la plus forte progression comparée aux groupes ethniques, qui, ont évolué à des rythmes différents durant la même période inter censitaire.

Les Voltaïque et les Mandé du nord sont en tête avec un rythme de croissance annuelle de l'ordre de 4 % suivis des Akan (3,7 %), des Mandé du nord (3 %) et des Krou (2,3 %).

Institutions et vie politique

Dès son accession à l'indépendance, la Côte d'Ivoire, État unitaire, opte pour un régime présidentiel.

La République de Côte d'Ivoire est un régime présidentiel caractérisé par la séparation des pouvoirs au sein de l'État : le pouvoir exécutif, le pouvoir législatif et le pouvoir judiciaire.

Le paysage institutionnel ivoirien se compose des organes exerçant ces trois pouvoirs et d'autres institutions comme le Conseil économique et social et le médiateur de la République.

Les partis politiques marquent également la vie politique dans le pays.

Pouvoir exécutif

L'organe chargé de l'exercice du pouvoir exécutif, originairement monocéphale, est depuis 1990 caractérisé par un bicéphalisme apparent : il a à sa tête le président de la République, chef de l'État, le vice-président de la République et un premier ministre, chef du gouvernement.

Cette caractéristique, empruntée au régime parlementaire, n'entame en rien le caractère présidentiel du régime.

Le président de la République est élu au suffrage universel direct, au scrutin majoritaire à deux tours pour un mandat de 5 ans et est rééligible une fois. Il est le chef de l'exécutif et est détenteur exclusif du pouvoir exécutif.

Il est garant de l'indépendance nationale, de l'intégrité du territoire, du respect des traités et accords internationaux.

Il est chef suprême des armées, veille au respect de la Constitution, assure la continuité de l'État.

En sa qualité de chef de l'Administration, il nomme aux emplois civils et militaires.

Le président de la République détient également, en période de crise, des pouvoirs exceptionnels.

En cas de décès, de démission ou d'empêchement absolu, l'intérim du président de la République est assuré par le vice-président de la République.

Le Premier ministre est nommé par le président de la République devant lequel il est responsable, et qui met fin à ses fonctions.

Le Premier ministre ne détient, au regard de la Constitution, aucun pouvoir exécutif propre.

Contrairement à la pratique prévalant en régime parlementaire, le Premier ministre ivoirien n'est pas issu de la majorité parlementaire.

Les membres du gouvernement, placés sous son autorité, sont nommés sur sa proposition par le président de la République.

Il dirige et coordonne l'action du gouvernement et peut déléguer certaines de ses attributions aux ministres.

Pouvoir législatif

L'organe parlementaire investi du pouvoir législatif est monocaméral ; c'est l'Assemblée nationale, dirigée en 2016 par Guillaume Soro.

L'Assemblée nationale compte aujourd'hui 225 membres et comprend un bureau, des commissions techniques et des groupes parlementaires.

Les députés qui la composent sont élus au suffrage universel direct pour un mandat de cinq ans.

L'Assemblée nationale vote la loi et consent l'impôt. Elle a également, de par la Constitution, un pouvoir de contrôle sur les actions de l'exécutif.

Pour assurer l'indépendance de l'Assemblée nationale à l'égard des autres pouvoirs et renforcer la liberté du député, celui-ci bénéficie de certains privilèges juridiques que sont les immunités.

Ces immunités protègent le député dans l'exercice de son mandat parlementaire en le mettant à l'abri des poursuites civiles ou pénales à l'occasion de votes ou opinions émises par lui dans l'exercice de ses fonctions.

En dehors même de l'exercice de ses fonctions, les poursuites pénales engagées contre le député pour des faits qualifiés crimes ou délits doivent être autorisées par l'Assemblée nationale ou le bureau de celle-ci.

Pouvoir judiciaire

Avant l'indépendance de la Côte d'Ivoire, deux ordres de juridictions cohabitent : des juridictions françaises appliquant le droit français et une organisation judiciaire de droit coutumier ou local.

Cette dualité est la résultante de la dualité de législation, qui elle-même repose sur une distinction des statuts régissant les différentes couches de la population.

En effet, la France offre aux ressortissants ivoiriens la possibilité de conserver un statut personnel particulier, par opposition au statut de droit commun reconnu aux Français et aux ivoiriens assimilés.

Au lendemain de l'indépendance, il est procédé à une refonte de l'appareil judiciaire hérité de l'époque coloniale.

L'objectif est de mettre en place une organisation judiciaire moderne et adaptée aux besoins du pays.

La réorganisation concerne le recrutement, la formation de magistrats et auxiliaires de justice (juges, greffiers, officiers ministériels, avocats, huissiers de justice, notaires, etc.), mais également les structures.

Trois principes gouvernent cette opération de modernisation : la justice est rendue au nom du peuple ; les juges ne sont soumis dans l'exercice de leurs fonctions qu'à l'autorité de la loi, leur indépendance étant garantie par le président de la République ; l'autorité judiciaire est gardienne des libertés individuelles.

Les juridictions, ainsi que l'administration pénitentiaire, connaissent alors plusieurs évolutions à partir de 1960.

Toutefois, comme dans bien des domaines, l'organisation judiciaire ivoirienne reste encore influencée par le droit français.

Le pouvoir judiciaire est exercé présentement par des juridictions de premier et de second degré, sous le contrôle de la Cour suprême.

Le Conseil constitutionnel forme, avec la Haute cour de justice, des juridictions spéciales

Organes consultatifs et de médiation

Le conseil économique et social est un organe consultatif prévu par la Constitution ivoirienne.

Il assure la représentation des principales activités économiques et sociales, favorise la collaboration des différentes catégories professionnelles entre elles et contribue à l'élaboration de la politique économique et sociale du Gouvernement.

Les projets de loi de programmes à caractère économique et social lui sont soumis et le président de la République peut consulter cette institution pour tout problème à caractère économique et social.

Le droit de saisine du Conseil économique et social appartient au président de la République et au président de l'Assemblée nationale.

Les membres de l'institution sont nommés pour cinq ans par décret parmi les personnalités qui, par leurs compétences ou leurs activités, concourent au développement économique et social de la République.

Le Conseil économique et social comprend 125 membres.

Le médiateur de la République est un organe de médiation créé par la Constitution.

À l'image du médiateur français, le médiateur de la République de Côte d'Ivoire est une autorité administrative indépendante, chargée d'une mission de service public, plus précisément d'assurer la médiation entre l'administration et les administrés, mais également entre les administrés eux-mêmes, en vue d'harmoniser les rapports de ceux-ci.

Il ne reçoit d'instruction d'aucune autorité.

Le médiateur de la République est nommé par le président de la République, après avis du président de l'Assemblée nationale, pour un mandat de six ans non renouvelable.

Il ne peut être mis fin à ses fonctions, avant l'expiration de ce délai, qu'en cas d'empêchement constaté par le Conseil constitutionnel saisi par le président de la République.

Le médiateur de la République ne peut être poursuivi, recherché, arrêté, détenu ou jugé à l'occasion des opinions ou des actes émis par lui dans l'exercice de ses fonctions.

Les fonctions de médiateur de la République sont incompatibles avec l'exercice de toute fonction politique, de tout autre emploi public ou de toute activité professionnelle.

Partis politiques

Peu avant l'indépendance du pays, pour désigner l'Assemblée territoriale et des conseils municipaux en 1956-1957, des élections pluralistes sont organisées.

Tous les sièges sont remportés par le Parti démocratique de Côte d'Ivoire, section du Rassemblement démocratique africain ou PDCI-RDA dans lequel peu de temps après, l'ensemble des autres formations politiques décide de se fonder sur la base d'un nouveau consensus national.

Le PDCI-RDA devient l'unique parti du pays.

Une assez éphémère tentative de création d'autres partis politiques est notée en 1959 et des crises politiques plus ou moins préoccupantes jalonnent la période de 1960 à 1990 (Affaire du Sanwi de 1959 à 1966, complot en 1963-1964, affaire du Guébié en 1970, putsch manqué en 1973), mais la vie politique ivoirienne reste manifestement dominée durant cette période par le seul PDCI-RDA.

La rupture du consensus national est formellement constatée en 1990 après des manifestations populaires.

Elle ouvre immédiatement la voie du retour au multipartisme avec en particulier, l'émergence du Front populaire ivoirien (FPI).

Ainsi, bien que reconnu par la constitution ivoirienne de 1960, le multipartisme n'est effectif à nouveau en Côte d'Ivoire qu'en 1990, année au cours de laquelle plusieurs partis politiques sont créés.

En 2008, plus d'une centaine de formations politiques sont déclarées dans le pays mais les partis qui participent à la vie politique sont, pour l'essentiel, le Front populaire ivoirien (FPI) socialiste, dirigé par Pascal Affi N'Guessan ; le Parti démocratique de Côte d'Ivoire – Rassemblement démocratique africain (PDCI-RDA), droite libérale, dirigé par Aimé Henri Konan Bédié ; le Rassemblement des républicains (RDR), centre libéral, dirigé par Alassane Dramane Ouattara ; et, dans une moindre mesure, l'Union pour la démocratie et la paix en Côte d'Ivoire (UDPCI), dirigé par Albert Mabri Toikeusse ; le Parti ivoirien des travailleurs (PIT) socialiste, dirigé par Francis Romain Wodié, le Mouvement des forces d'avenir (MFA), dirigé par Innocent Anaky Kobéna.

Divers groupes de pression animent également la vie politique.

Le mouvement des Forces nouvelles qui est une composante politique majeure du pays ne s'est pas constitué en parti politique.

Organisation territoriale

L'organisation administrative territoriale de la Côte d'Ivoire est tributaire de celle mise en place par le gouvernement français pendant la colonisation.

Fortement centralisée et de simple gestion, elle s'articule, en fin de période coloniale, autour de 19 circonscriptions primaires appelées cercles et administrées par un commandant de cercle, 48 circonscriptions secondaires ou subdivisions dirigées par un chef de subdivision, auprès duquel est placé un conseil des notables, organe quelque peu représentatif des intérêts des populations locales.

L'administration municipale reste également rudimentaire avec, en 1959, 17 communes de plein ou moyen exercice.

Pour se rapprocher davantage des populations et ainsi assurer un encadrement efficace de celles-ci, l'administration territoriale de la Côte d'Ivoire, qui repose sur les principes de la déconcentration et de la décentralisation, connaît, au niveau du découpage territorial, une évolution constante.

Les départements, au nombre de quatre en 1959, passent progressivement à six, 24, 25, 26, 34, 49, 50 et 55 au cours des années 1963, 1969, 1974, 1975, 1979, 1985, 1987 et 1996, avec un total de 187 sous-préfectures.

En août 2009, on dénombre 19 régions, 2 districts, 81 départements, 390 sous-préfectures, plus de 8 000 villages et environ 1 000 communes.

La Côte d'Ivoire étant organisée par régions, communes, départements, conseils généraux et districts avant la fin de la crise post-électorale, ces attributions donnaient lieu à des conflits de compétences.

Par le décret no 2011-264 du 28 septembre 2011 portant détermination des circonscriptions électorales pour la législature 2011-2016, la Côte d'Ivoire compte 30 régions, 14 districts dont deux autonomes.

Le nouveau type de région sera doté d'un conseil régional avec à sa tête un président élu.

Administration territoriale déconcentrée

L'administration territoriale déconcentrée se réalise autour des circonscriptions administratives que sont le district, la région, le département, la sous-préfecture, le village et le quartier.

Entité administrative de base, le village est composé de quartiers, constitués eux-mêmes par la réunion des membres d'une ou plusieurs familles et, éventuellement, de campements qui lui sont rattachés.

Il est dirigé par un chef qui, pour être reconnu par l'État, doit être librement désigné par les populations villageoises selon des règles coutumières, par consensus ou par tout autre moyen.

Le chef du village est l'auxiliaire de l'Administration préfectorale. Il est assisté dans sa mission par un conseil de village.

La sous-préfecture, administrée par un sous-préfet, est la circonscription administrative intermédiaire entre le département et le village. Elle est constituée par plusieurs villages.

Tout comme le préfet sous l'autorité duquel il est placé, le sous-préfet représente l'État dans sa circonscription, coordonne et contrôle les activités des agents des services administratifs et techniques placés sur son ressort territorial ; il supervise en outre l'action des chefs de village.

Le département, échelon de relais entre la région et la sous-préfecture, comprend en général plusieurs sous-préfectures.

Il est administré par un préfet chargé du suivi des actions de développement, de l'exécution des lois et règlements, du maintien de l'ordre, de la sécurité, de la tranquillité et de la salubrité publics dans sa circonscription.

La région qui regroupe généralement plusieurs départements, constitue l'échelon de conception, de programmation, d'harmonisation, de soutien, de coordination et de contrôle des actions et opérations de développement économique, social et culturel réalisées par l'ensemble des administrations civiles de l'État.

Par délégation du ministre chargé de l'Intérieur, le préfet de région, comme le préfet de département, exercent un pouvoir de tutelle et de contrôle à l'égard des collectivités décentralisées.

Le District est une entité déconcentrée dont les limites territoriales peuvent transcender celles des départements ou des régions.

Le District regroupe plusieurs régions. Le District est administré par un Gouverneur de District nommé par décret pris en Conseil des Ministres.

Abidjan et Yamoussoukro sont des Districts autonomes et regroupent un ensemble de communes et de sous-préfectures.

De création relativement récente, les deux districts autonomes que compte la Côte d'Ivoire (Abidjan et Yamoussoukro) sont animés par des gouverneurs nommés par le président de la République.

Pour l'exécution de sa mission, le gouverneur du district est assisté par le conseil du district, le bureau du conseil du district et le comité consultatif du district.

La commune est un regroupement de quartiers ou de villages. Ses organes sont constitués par le conseil municipal, le maire et la municipalité.

Administration territoriale décentralisée

Les collectivités territoriales, entités administratives dotées de la personnalité morale et de l'autonomie financière, sont constituées par la région et la commune.

Elles ont pour missions, dans la limite des compétences qui leur sont expressément dévolues, d'organiser la vie collective et la participation des populations à la gestion des affaires locales, de promouvoir et réaliser le développement local, de moderniser le monde rural, d'améliorer le cadre de vie, de gérer les terroirs et l'environnement.

Commune

En Côte d'Ivoire, la commune est une division administrative correspondant généralement à un territoire constitué de quartiers ou de villages.

Sa superficie et sa population peuvent varier considérablement. Elle a pour missions, dans la limite des compétences qui lui sont expressément dévolues, d'organiser la vie collective et la participation des populations à la gestion des affaires locales, de promouvoir et réaliser le développement local, de moderniser le monde rural, d'améliorer le cadre de vie, de gérer les terroirs et l'environnement.

Le conseil municipal, le maire et la municipalité constituent les organes de la commune.

La politique de communalisation, démarre en Côte d'Ivoire par la création, au terme de la loi du 18 novembre 1955, des trois communes de plein exercice d'Abidjan, de Bouaké et de Grand-Bassam.

Limitée au double plan spatial et fonctionnel, la capacité de telles structures et organes à imposer un rythme au développement local, s'avère très peu significative et conduit en 1978 à une réforme qui voit le jour en 1980.

Celle-ci se poursuit en 1985 par un accroissement considérable du nombre de communes autant que de leurs champs de compétences.

En 1995, les pouvoirs publics ivoiriens prennent l'option d'élargir un peu plus l'expérience de la communalisation par l'érection de tous les chefs-lieux de sous-préfectures en communes.

La création de communautés rurales est même envisagée mais elle sera abandonnée avec l'adoption d'une nouvelle constitution en 2000 qui préserve toutefois le principe de la libre administration des collectivités territoriales.

En 2006, le territoire national est entièrement subdivisé en circonscriptions communales.

Économie de la Côte d'Ivoire

L'économie de la Côte d'Ivoire, avec un PIB par habitant qui s'élève à 1 600 dollars américains en 2011 fait partie des économies en voie de développement. L'indice de pauvreté atteint 48,9 % en 2008.

Depuis l'instauration du commerce triangulaire lors des premiers contacts avec les explorateurs, l'économie est dominée par l'exportation de produits dits de rente ; en particulier, le café et le cacao, dont la culture a été introduite au début du 20e siècle, ont fortement contribué au boum ivoirien des années 1960-1970 (la Côte d'Ivoire est toujours le premier producteur et exportateur mondial de cacao).

Si l'économie ivoirienne repose à titre principal sur le secteur agricole que favorise un climat chaud et humide, l'apport de l'industrie au PIB est évalué à 20 % et celui du secteur tertiaire à 50 %.

La Côte d'Ivoire possède de plus quelques réserves de pétrole non négligeables pour son économie.

Elle possède aussi quelques ressources minières mais dont la production reste très mineure.

Elle produit en outre de l'électricité, dont une part est revendue aux pays voisins.

Les progrès constatés au cours des quinze premières années de l'indépendance ont fait place à une longue période de récession, favorisée par la chute des cours mondiaux des matières premières agricoles (café-cacao) et aggravée par divers facteurs dont la crise politico-militaire déclenchée en 2002.

La Côte d'Ivoire reste toutefois un poids économique important pour la sous-région ouest-africaine : elle représente 39 % de la masse monétaire et contribue pour près de 32 % au PIB de l'Union économique et monétaire ouest-africaine (UEMOA) selon les statistiques 2013 de la Banque Centrale des États de l'Afrique de l'Ouest (BCEAO).

La monnaie du pays est le franc CFA, dont la parité avec l'euro est : 1 euro = 655,957 francs CFA.

Économie précoloniale

L'économie de la Côte d'Ivoire est caractérisée à l'origine et durant de nombreux siècles par la recherche de l'autosubsistance.

Elle est axée sur l'agriculture vivrière et utilise des techniques de cultures itinérantes sur brûlis.

Toutefois, à partir du 15e siècle, elle entre dans une phase mercantiliste au contact de nombreux commerçants dioulas d'origine soudanaise, attirés par la kola produite dans les régions de Toura, Dan, Mahou, Bété, Gouro et Anno (zones forestières des centre-ouest et nord-ouest de l'actuelle Côte-d'Ivoire).

Ces marchands recherchent également de l'or, dans des régions essentiellement habitées par les peuples Sénoufos (autour de Kong notamment),

À la veille de la conquête coloniale, deux systèmes politiques cohabitent sur le territoire de l'actuelle Côte d'Ivoire et influencent fortement l'économie: le système étatique d'une part, présent au Nord et à l'Est du pays, notamment dans les royaumes de Bouna, du Kabadougou, de Kong et dans les royaumes Akans.

Dans ces sociétés à pouvoir centralisé, le mode de production est caractérisé par l'existence d'une classe dirigeante qui exploite la paysannerie et une classe servile.

Les échanges économiques échappent peu ou prou à des impératifs de parenté pour s'inscrire dans une logique de profit économique.

Le système des sociétés lignagères d'autre part, pratiqué notamment par les populations lagunaires, Krous et Mandés du Sud.

Ces peuples ne sont pas organisés en empires ou en royaumes, mais en lignages et classes d'âge, à l'intérieur de communautés tribales ou villageoises.

Dans ces sociétés à pouvoir diffus, l'unité économique de base est le lignage, véritable centre de production et de consommation, voué pour l'essentiel à l'autosubsistance.

D'une manière générale, l'économie précoloniale se structure autour de divers espaces relativement homogènes.

Ceux du Nord et du Centre du territoire sont reliés par un réseau de routes commerciales comportant de nombreux marchés et diverses cités commerciales, animées par des marchands dioulas ou des membres des aristocraties dirigeantes locales.

Le cauri et l'or y servent de monnaie de transaction. Ceux du Sud et de l'Ouest du pays comportent de multiples villages-marchés et les biens y circulent à travers des réseaux de parenté, d'alliance ou de clientèle plus éloignée.

Au sein de ces entités l'on utilise le Sombé (un type de manille) comme monnaie d'échange.

Ces espaces économiques connaissent de profondes mutations au cours du 19e siècle.

Mutations économiques du 19e siècle

L'installation des colons sur le territoire ivoirien commence dès la fin des premières expéditions exploratoires menées par João de Santarém et Pedro Escobar au cours des années 1470-1471, les Hollandais à la fin du 16e siècle, puis les Français et les Anglais au 17e siècle.

À leur contact, l'agriculture locale connaît une réorientation et est désormais pratiquée en vue de la commercialisation de produits tropicaux.

Un type particulier d'échanges, la traite négrière (le commerce des esclaves), fait même son apparition dans les zones du littoral.

L'esclavage est aboli en 1848 dans les colonies françaises et cette mesure formelle a un impact économique indéniable.

L'arrêt de la déportation massive d'esclaves entraîne le développement d'une traite intérieure.

Il favorise en outre, au sein des colonies, l'instauration et la multiplication de rapports de production de type esclavagiste.

Chez les Dioulas et les Malinkés, les esclaves sont redirigés vers les vastes domaines agricoles tandis que chez les Akans, ils servent à l'extraction de l'or et au portage.

Le commerce des produits naturels remplace alors celui des esclaves et l'agriculture est de nouveau dynamisée.

Les échanges commerciaux s'accroissent sous la poussée de la demande aussi bien européenne qu'africaine, entrainant par leur ampleur l'émergence et la consolidation de la fonction de courtier africain, intermédiaire entre Européens et Africains, mais aussi entre populations côtières et celles de l'hinterland.

Pendant cette période, les échanges croissants doublés d'une concurrence de plus en plus rude entre Français et Anglais amènent les premiers à installer sur le littoral (à Assinie et Grand-Bassam en 1843) des comptoirs permanents.

Les courtiers africains se retrouvent peu à peu face à l'impérialisme économique français auquel ils tentent de s'opposer, mais ils seront progressivement éliminés.

D'une manière générale, l'économie précoloniale s'ajuste aux nouvelles exigences du 19e siècle dont celles de la colonisation du pays qui porte déjà les germes de la désorganisation de l'agriculture traditionnelle et de l'émergence de nouveaux partenaires commerciaux.

Elle oriente l'économie ivoirienne vers l'exportation de produits agricoles non-transformés et l'importation de produits européens manufacturés.

Développements récents

Le miracle économique

Des débuts de la colonisation jusqu'à la fin des années 1970, la situation économique de la Côte d'Ivoire est florissante.

Le taux de croissance annuel du produit intérieur brut est élevé et il dépasse 7 % durant la dernière décennie de la période coloniale (1950-1960).

La Côte d'Ivoire, dès le début des années 1960 axe sa politique de développement sur l'expansion des exportations de matières premières et la substitution aux importations reposant sur quelques industries.

Les stratégies mises en œuvre sont alors particulièrement adaptées aux contraintes extérieures et à l'environnement général.

Une forte croissance est enregistrée et les changements structurels s'opèrent sans véritables déséquilibres internes ou externes.

Le taux de croissance moyen reste élevé (plus de 6,8 %) pendant les quinze premières années de l'indépendance du pays (1960-1975).

Il atteint même 10,2 %, entre 1960 et 1965.

Plus faible entre 1970 et 1975 (6,8 %), il reste néanmoins supérieur à celui des pays de l'Afrique noire et même des pays occidentaux, respectivement à 4 % et 6 % en moyenne sur la même période.

L'épargne domestique quant à elle, se stabilise à un niveau relativement élevé, alors que l'endettement extérieur et l'inflation demeurent bas.

La Côte d'Ivoire est alors considérée comme la vitrine de l'Afrique occidentale et un modèle réussi de politiques libérales en matière de développement.

Une telle performance particulière s'explique en partie par la stabilité politique qui distingue alors le pays de la plupart des États africains.

Pour autant, cette économie présente des faiblesses structurelles : forte dépendance extérieure et déséquilibres importants entre ses différents secteurs d'activité.

Le cacao, qui en est la force, constitue également son point faible dans la mesure où aucun autre produit ni aucun autre secteur n'influence autant l'économie de la Côte d'Ivoire.

La production de cacao injecte d'importants flux financiers dans le circuit économique, distribue des revenus aux paysans, permet à l'État, par le biais de l'impôt, de disposer de marges de manœuvre importantes, alimente la trésorerie des entreprises, permet aux banques d'obtenir des marges bénéficiaires et aux avoirs extérieurs de s'accroître.

Mais lorsque les termes de l'échange lui sont défavorables, l'économie ivoirienne vacille.

La chute des cours des produits agricoles de base survenue à la fin des années 1970 a ainsi provoqué une dépression d'autant plus grave qu'à la faveur du boum du café et du cacao, la Côte d'Ivoire s'était engagée dans une politique monétaire et fiscale expansionniste appuyée sur les revenus des exportations en forte croissance (principalement ceux gérés par la Caisse de stabilisation).

L'augmentation de l'endettement extérieur a alors été immédiate autant que la montée de l'inflation.

Le taux de change réel du pays, reposant sur un taux d'inflation nettement supérieur à celui de ses partenaires, s'est trouvé surévalué ruinant la compétitivité de l'industrie nationale.

Durant les années 1980, le déficit du secteur public atteint 12 % du PNB et celui du compte d'opérations courantes 17 % du PNB.

Confronté à une croissance économique fortement ralentie, le pays s'engage dans un Programme d'ajustement structurel (PAS).

Programmes d'ajustement structurel

Le premier programme d'ajustement structurel (1981-1983) vise à redresser la situation financière extérieure et à créer les conditions d'une reprise de la croissance économique.

Il s'agit de réduire le service de la dette extérieure et le déficit du secteur public par une diminution très importante des dépenses publiques.

Le budget général de fonctionnement de l'État connait alors une réduction de près de 55 % durant les trois années du programme tandis que le budget spécial d'investissement et d'équipement (BSIE) est réduit de 12 %.

L'encadrement du crédit est plus sévère et son taux d'accroissement passe de 54 % en 1982 à 7 % en 1983.

Par ailleurs, les salaires des fonctionnaires font l'objet d'un blocage et ceux du secteur parapublic, d'un réalignement à la baisse.

Ce train de mesures entraine une forte baisse du revenu des ménages dont l'épargne chute de 53 milliards de F.CFA en 1982 à 14,5 milliards en 1983 soit une baisse de 72 %.

L'investissement baisse de 17 % sur la période et le crédit se ralentit.

Ce résultat mitigé sert cependant de base au deuxième programme d'ajustement structurel (1984-1985).

Ce second programme vise la réduction du déficit budgétaire et l'augmentation des recettes publiques. Il bénéficie de la part du Fonds monétaire international (FMI), d'un accord de confirmation sur une durée d'une année et pour 82 millions de Droits de tirage spéciaux (DTS).

Il est accompagné d'un rééchelonnement de la dette extérieure ivoirienne à hauteur de 275 millions de dollars sur une période de neuf ans avec quatre ans de différé.

Les mesures mises en œuvre sont encore plus rigoureuses que celles du programme précédant mais permettent de connaître quelques améliorations : le déficit budgétaire est effectivement réduit en 1984 et, en 1985, le budget peut même dégager un excédent d'environ 31 milliards de F.CFA.

Le solde de la balance des paiements dégage des excédents (5,2 % du PIB en 1984 et 4,8 % du PIB en 1985).

La production industrielle connaît un accroissement de 7 %. L'on assiste dans la même période à un accroissement de la masse monétaire qui n'est toutefois pas le fruit de la politique monétaire mais plutôt celui d'un solde de balance des paiements favorable.

D'une manière générale, la croissance économique du pays, en termes réels d'environ 5 %, marque une légère reprise. Mais le coût social est élevé avec notamment une augmentation du chômage.

Un troisième programme d'ajustement structurel (1986-1988) est conclu mais sous l'effet conjugué de la chute de ses recettes d'exportation, d'un service de la dette devenu lourd et en dépit d'un accord pluriannuel de rééchelonnement de la dette jusqu'en 1990, la Côte d'Ivoire se résout à déclarer, en mai 1987, son impossibilité de payer les intérêts des emprunts étrangers.

Sur le plan strictement interne, une augmentation de la fiscalité en général et plus particulièrement de la TVA en 1987, pousse de très nombreuses activités commerciales vers le secteur informel.

Globalement, les résultats de ce troisième programme d'ajustement structurel sont jugés mitigés.

Ses mesures pèsent très lourdement sur la vie économique, et sociopolitique du pays créant un contexte assez tendu.

Le quatrième programme dit de stabilisation financière (1990-1992) voit le jour en 1990 et dirigé par Alassane Ouattara en tant que premier ministre, économiste, ancien directeur général adjoint du Fonds monétaire international et vice-gouverneur de la BCEAO.

Cet accord prévu pour une durée de 18 mois vise le rétablissement des grands équilibres notamment par des mesures fiscales et budgétaires à même de réduire de manière sensible les besoins de financement de l'État.

Sa mise en œuvre est cependant minée par la détérioration des termes de l'échange concernant le café et le cacao ainsi que le développement de la corruption.

Il s'achève en septembre 1992 sur un échec global.

Le pays ne dispose plus du PAS avec le FMI, a quelque peu amélioré la situation de ses finances publiques et du secteur bancaire, mais n'est plus en mesure de rembourser sa dette et d'assurer ses dépenses de fonctionnement.

La solution de la dévaluation du franc CFA est alors inéluctable.

Dévaluation du franc CFA

Après plus de dix ans d'ajustement interne et budgétaire sans succès, la Côte d'Ivoire fait toujours face à un endettement intérieur et extérieur excessifs.

Le déséquilibre des dépenses publiques demeure.

Les institutions de Bretton Woods s'engagent avec l'appui de la France qui soutient la convertibilité du FCFA par rapport au franc français, à procéder à une dévaluation du franc CFA presque taillée sur mesure pour l'économie ivoirienne qui représente alors 60 % de la masse monétaire des pays de l'UMOA.

Le 12 janvier 1994, la dévaluation à hauteur de 100 % du franc CFA intervient et entraine dans son sillage la signature d'un nouveau programme économique et financier dénommé Facilité d'ajustement structurel renforcé (FASR).

La dévaluation de la monnaie est destinée à atténuer une surévaluation du taux de change effectif réel depuis 1981.

Elle permet, grâce notamment aux mesures d'accompagnement adoptées par la communauté financière internationale, un taux de croissance positif de 6 % mais seulement pendant deux années consécutives.

Ce changement de parité du franc CFA par rapport au franc français s'inscrit dans une stratégie plus globale visant, par une série de réformes structurelles, à recentrer l'action de l'État ivoirien sur des missions de régulation, de contrôle et de sécurisation pour améliorer les performances du secteur public et favoriser les activités du secteur privé.

Les programmes d'ajustement structurel (1994-1996), mis en place dans cette perspective, par les partenaires extérieurs que sont le Fonds monétaire international et la Banque mondiale, conduisent à l'adoption par le gouvernement de mesures drastiques de restriction budgétaire en vue du redressement économique, sans grand succès.

La dévaluation a permis notamment de favoriser les cultures locales au détriment des importations.

Les produits d'exportation se sont en revanche, trouvés durement confrontés à la concurrence et à la surproduction mondiales.

Des problèmes de corruption liés à l'exécution de projets financés par l'Union européenne ainsi que les arriérés de paiement des dettes contractées auprès des institutions internationales, conduisent, en 1998, celles-ci à rompre leur partenariat avec la Côte d'Ivoire.

L'impact négatif de cette situation sur l'économie est aggravé par le coup de force militaire de décembre 1999 et l'instabilité politique qui en résulte.

Le pays sombre dans une nouvelle dépression et le taux de croissance en 2000 est négatif : -2,3 %.

La crise politico-militaire qui éclate en 2002 aggrave encore la situation.

Impact de la crise politico-militaire

La crise politico-militaire déclenchée le 19 septembre 2002 a entraîné un exode massif de près de 1,7 million de personnes, l'abandon des zones de conflit par l'administration publique ainsi que des entreprises privées et la destruction de nombreuses infrastructures économiques.

Le conflit consacre une division du pays entre un sud contrôlé par l'État et un nord contrôlé par la rébellion ; l'essentiel des ressources étant contrôlé par l'État (café, cacao, pétrole, gaz, bois...), la rébellion disposant pour sa part du contrôle sur le coton et le diamant.

Pendant les six premières années du conflit, la croissance économique devient négative (-0,4 %) largement inférieure à celle des autres pays de l'UEMOA (4,1 %) et de l'Afrique subsaharienne (4,9 %).

De nombreuses entreprises tenues par des non nationaux quittent le pays ou réduisent très fortement leurs activités en attendant la fin de la crise.

De même, les investissements étrangers directs baissent. Ce repli de l'activité économique aggrave le chômage dont le niveau était déjà très élevé avant cette crise, notamment parmi les jeunes.

Le secteur financier est durement touché avec la fermeture de toutes les agences des banques, au nombre de 19, installées dans la zone contrôlée par la rébellion.

Des contre-performances sont notées particulièrement au niveau fiscal et de la transparence en raison de la chute des revenus, de l'augmentation des dépenses liées à la crise et des difficultés comptables.

Au regard de la place prépondérante qu'occupe ce pays dans l'économie régionale (32 % du PIB de l'UEMOA), ces développements économiques affectent négativement la production et le commerce régional, en particulier dans les pays voisins que sont le Burkina Faso, le Mali, le Niger et la Guinée.

Ceux-ci continuent de dépendre de son infrastructure de transport pour l'import-export et des fonds transférés par leur diaspora respective installée en Côte d' Ivoire.

Avec un certain gel de la crise intérieure, la Côte-d'Ivoire entreprend son redressement en obtenant en 2004 un taux d'inflation sous contrôle (entre 1,4 % et 4,4 %) et des taux de croissance positifs (+1,6 %) en 2004, +1,8 % en 2005 et +1,2 % en 2006) qui demeurent toutefois en dessous du niveau d'accroissement naturel de la population, estimé à 3,3 %.

L'État, pour sa part, ne parvient toujours pas à tenir ses engagements extérieurs bien que le service de la dette représente une proportion de plus en plus faible des exportations (10,7 % en 2000, 5 % en 2003, 3,3 % en 2004 et 1,45 % en 2005) qui connaissent un accroissement significatif (de 37,9 % en 2000 à 47,8 % du PIB en 2005).

L'Accord politique du 4 mars 2007 conclut entre l'État ivoirien et la rébellion, a amorcé une normalisation de la situation politique en créant un climat politique relativement apaisé, permettant une certaine avancée dans le rétablissement des institutions de la république et la réunification du pays.

Confortée par cette réunification du pays d'une part, la réhabilitation des infrastructures publiques en cours ainsi que le retour progressif de la confiance du secteur privé d'autre part, l'économie ivoirienne enregistre depuis 2007, une légère reprise ; mais la situation reste encore globalement fragile.

D'une manière générale, avec un taux de croissance annuel moyen du PIB de 6,7 % durant les quinze premières années de son indépendance, la Côte d'Ivoire qui était classée comme un pays à croissance rapide (un futur pays émergent) est, depuis mars 1998, à la recherche du bénéfice de l'initiative pays pauvres très endettés (PPTE).

En 2012, le taux de croissance est de 9,8 %.

Ressources naturelles

Bois

L'exploitation forestière a joué, pendant plusieurs décennies, un rôle majeur dans l'économie de la Côte d'Ivoire.

Elle débute dans le pays au cours des années 1880-1890, à l'initiative de commerçants britanniques en quête d'une nouvelle essence de bois.

La principale essence commercialisée jusqu'au début des années 1920 est alors l'acajou, fortement demandée sur le marché international.

De nombreuses essences sont par la suite exploitées aux fins d'exportation, parmi lesquelles le makoré, le sipo, l'aboudikro, le tiama, le niangon, le samba, le bété, l'assamela, le dibetou, l'ilomba, le bosse, le fromager, l'iroko.

Près de 70 % de la production de bois est destinée à l'exportation sur les marchés internationaux, le bois de teck étant la principale grume tropicale exportée.

En 2004, la vente totale de bois de grume exporté rapporte au pays 267 564 millions de FCFA.

Hormis l'exportation, le pays installe progressivement une industrie de bois permettant à ce secteur de se développer en proposant des produits finis ou semis finis à forte valeur ajoutée.

Toutefois, cette exploitation a des conséquences négatives sur le patrimoine forestier et l'environnement.

Elle s'effectue dans les forêts du domaine permanent de l'État (parcs nationaux, réserves, forêts classées, ou proposées au classement) dont une partie a été déclassée à cette fin d'une part entre 1929 et 1959 (près de 500 000 ha) et d'autre part dans les trente premières années de l'indépendance du pays (plus d'1 million ha).

Mais elle touche surtout les forêts du domaine rural constitué par le couvert forestier non compris dans le domaine permanent de l'État.

Il en résulte que le massif forestier ivoirien, qui, dans les premières années de l'indépendance longeait le golfe de Guinée sur plus de 500 km et s'étendait sur une profondeur variant entre 120 km et 350 km à l'intérieur du pays, se retrouve en 2008, fortement menacé par une exploitation abusive après avoir joué un rôle majeur dans l'essor économique du pays.

Le rythme de destruction auquel cette activité soumet le couvert forestier du pays est difficile à soutenir à long terme. Le gouvernement ivoirien a, de ce fait, été amené à adopter un programme de reboisement impliquant fortement les exploitants forestiers.

Il a également créé la Société de développement des forêts (Sodefor), structure chargée à la fois de la préservation et la gestion d'un patrimoine forestier d'environ 6 000 000 d'hectares, et du reboisement dans les zones appauvries par cette exploitation forestière massive.

L'objectif affiché est de contenir le rythme de croissance de l'exploitation forestière à un taux inférieur à celui de la régénération du patrimoine forestier.

Diamant et or

La production de diamant en Côte d'Ivoire commence en 1948 par le gisement de Tortiya étendu sur 188 ha avec une réserve estimée à 830 000 carats.

L'exploitation de ce gisement est confiée à la Société anonyme de recherches minières en Côte d'Ivoire (Saremci) qui, dès la première année obtient une production de 36 000 carats et voit sa production augmenter régulièrement pour atteindre son point culminant en 1972 avec 260 000 carats.

Le déclin consécutif conduit à la fermeture de la mine en 1975 et à celle de l'entreprise en 1976, malgré une ultime tentative de reprise d'activités par la société Watson qui se solde par un échec et conduit à la fermeture en 1977.

Malgré tout, le gisement de Tortiya a constitué à son époque la principale ressource minière du pays. À côté de cette expérience qui constitue la plus importante opération de production de diamant en Côte d'Ivoire, et parallèlement à elle, se développent d'autres travaux d'exploitation de gisement dans la région de Séguéla.

Ceux-ci sont entrepris d'abord par la Compagnie minière du Haut-Sassandra (Sandramine) en 1949 puis repris par la Société diamantifère de la Côte d'Ivoire (Sodiamci) en 1956.

Cette autre initiative dont la production annuelle n'est jamais allée au-delà de 25 000 carats prend fin en 1971 avec la fermeture de la Sodiamci.

Bien que l'extraction industrielle du diamant soit arrêtée, une exploitation artisanale se poursuit aujourd'hui à Séguéla et Tortiya, situés dans la zone contrôlée par la rébellion ivoirienne.

Ainsi l'ensemble de la production nationale de diamant s'effectue sous le contrôle de la rébellion ivoirienne avec des résultats assez controversés.

Jugés maigres, voire dérisoires par certains observateurs, ces résultats sont évalués par l'organisation Global witness au chiffre record de 300 000 carats avec un revenu annuel du trafic lié à cette activité, estimé par le ministre ivoirien des

Mines et de l'Énergie à plus de 25 millions de dollars (40 milliards de FCFA).

En 2008, la Côte d'Ivoire reste cependant le seul pays sous embargo de l'ONU pour l'exportation du diamant en raison de la crise.

L'or, extrait au moyen de techniques traditionnelles par les peuples de Côte d'Ivoire dès avant l'accession du pays à l'indépendance, constitue la deuxième ressource minière exploitée d'un sous-sol qui recèle beaucoup d'autres minerais comme le fer, le nickel, le manganèse, la tantalite, la bauxite, le cuivre, le gaz, l'uranium, le cobalt, le tungstène, l'étain, l'iléite et les pierres ornementales.

Toutefois, un seul gisement, géré par la Société des mines d'Ity (SMI) est en exploitation industrielle. Quatre autres gisements sont en exploitation artisanale par des organisations Coopératives à Issia, Angovia, Angbaoua, et Kokumbo.

Plusieurs sociétés non nationales détiennent des permis d'exploitation de mines d'or. Malgré la crise que traverse le pays, la production globale d'or connaît une hausse entre 2004 et 2005.

Le pays reste cependant un producteur assez marginal d'or, sa production annuelle moyenne étant estimée à 1,5 t très loin derrière les 26 t du Ghana ou les 38 t de l'Afrique du Sud.

Pétrole et gaz naturel

Avant la découverte, dans les années 1970, de gisements de pétrole et gaz exploitables, le pays assurait par des importations la couverture de ses besoins nationaux en produits pétroliers finis.

Aussi, pour mieux bénéficier des gains de valeur ajoutée liés à la transformation du pétrole brut, l'État ivoirien importa, à partir de 1965, des quantités de plus en plus importantes d'hydrocarbures, traités intégralement par la Société ivoirienne de raffinage (SIR) créée en octobre 1962 et ayant une capacité de raffinage de 3 500 000 tonnes par an, soit 70 000 barils par jour.

Cette nouvelle situation fit baisser, de façon considérable, le taux d'importation de produits finis du pays.

Celui-ci s'identifiait, de ce fait, comme un pays tourné vers la raffinerie plutôt que la production du pétrole.

Le pays disposait pourtant de réserves de pétrole brut estimées à 100 millions de barils.

Le groupe Shell est à l'origine de la découverte de ce pétrole et de ce gaz exploitable. Dans son sillage, des concessions d'exploitation sont accordées à plusieurs autres grandes compagnies pétrolières par le gouvernement ivoirien.

Cependant, à travers la société d'État Petroci (Société nationale d'opérations pétrolières de la Côte d'Ivoire), l'État ivoirien demeure propriétaire des gisements découverts et prend des participations au sein de divers groupes.

En 2005, avec 3,9 millions de tonnes, le sous-secteur de l'hydrocarbure traduit son dynamisme par une hausse générale, la plus importante du secteur industriel.

La production de pétrole, grâce au champ Baobab du bloc CI, atteint le niveau de 80 000 barils par jour à fin mars 2006 permettant ainsi de couvrir largement la consommation journalière estimée à 25 000 barils.

La production de gaz quant à elle s'établit à 1 742 millions de m³. La même année, les exportations de produits pétroliers augmentent de 22,6 % pour se chiffrer à 3 242 millions de tonnes.

Au total, en 2008, avec 50 000 barils par jour en moyenne, la Côte d'Ivoire ne peut être considérée comme un producteur stratégique de pétrole en Afrique comparativement à la Guinée Équatoriale (300 000 barils par jour), à l'Angola (1,5 million par jour) ou encore au Nigéria (2,3 millions de barils par jour).

Énergie électrique

Essentiellement hydraulique à l'origine, l'électricité produite par la Côte d'Ivoire est par la suite devenue également thermique.

Elle est en majeure partie assurée à partir des barrages hydroélectriques d'Ayamé 1, Ayamé 2, Kossou, Taabo, Buyo et Fayé.

Alors que le potentiel hydro-électrique total de la Côte d'Ivoire est évalué à 12 400 gWh, l'équipement actuellement disponible ne permet de disposer que de 2 550 gWh (20,56 %).

Concourent à la production nationale d'énergie thermique, la Compagnie ivoirienne de production d'électricité (Ciprel) et d'autres centrales sont isolées ou autonomes.

L'électricité produite par la Côte d'Ivoire en 2005 atteint 5 571,17 gWh, dont 1 397,87 gWh sont exportés vers le Ghana (plus de 50 % des exportations), le Burkina Faso, le Mali et le Bénin.

La gestion de la production et de la distribution de l'électricité relevait au départ de la structure d'État Énergie électrique de Côte d'Ivoire (EECI).

Depuis la privatisation de cette gestion au profit de la Compagnie ivoirienne d'électricité (CIE), l'État n'intervient dans le secteur énergie électrique qu'à travers deux structures : la Société de gestion du patrimoine électrique de l'État (SOGEPE) qui gère le patrimoine du secteur et la Société d'opération ivoirienne d'énergie électrique (SOPIE), maître d'œuvre exclusif du secteur énergie électrique.

Malgré les efforts entrepris par l'Institut de recherche des énergies nouvelles (IREN), l'énergie solaire, pour lequel des potentialités importantes ont été relevées, reste encore très peu développée en Côte d'Ivoire.

En février 2010, à la suite d'une mauvaise appréciation des ressources énergétiques, le concessionnaire principal en l'occurrence la CIE, commence à procéder à des délestages au niveau du territoire ivoirien ouvrant une seconde période de crise énergétique en Côte d'Ivoire après celle de 1984.

Le système électrique national connaît une diminution de sa capacité de production d'énergie électrique qui se traduit par des difficultés à satisfaire l'ensemble des besoins en électricité.

Ainsi, un programme de délestage temporaire est mis en place, prenant en compte les priorités suivantes :

– sauvegarder le tissu économique permettant ainsi de préserver les emplois (industries, entreprises) ;

– assurer l'alimentation des stations de pompage et châteaux d'eau de la SODECI;

– assurer l'alimentation des centres hospitaliers.

Mais on constate que cette crise énergétique gangrène l'économie nationale en provoquant l'arrêt des machines dans l'outil de travail industriel, obligeant les entreprises à mettre en place des programmes de chômage structurels et investir davantage dans l'achat de groupes électrogènes.

Au niveau régional, cette crise retarde le projet de l'Uemoa d'interconnexion électrique ouest-africain dont le fournisseur essentiel devait être la Côte d'Ivoire grâce à ses grandes capacités de production.

Ainsi le secteur ivoirien de l'électricité a commencé à importer de l'énergie du Ghana pour environ 25 MW et ceci, en application du contrat d'échanges d'énergie qui existe entre les deux pays.

Puis, le projet d'une centrale thermique de location de 70 MW à Vridi peut accroître la capacité de production.

Infrastructures

Les infrastructures du pays sont relativement plus développées que celles des autres pays de l'Afrique de l'Ouest, malgré une crise qui en a empêché l'entretien régulier ou l'extension.

Dès son accession à l'indépendance, la Côte d'Ivoire met l'accent sur le développement et la modernisation des transports, tant en ce qui concerne le déplacement des personnes qu'en ce qui se rapporte au transit des marchandises.

D'importantes infrastructures sont donc construites, dans les secteurs du transport routier, du transport ferroviaire, du transport maritime et du transport aérien.

En dépit de la crise ivoirienne, les pays voisins de la Côte d'Ivoire (Burkina Faso, Mali, Niger, et Guinée) n'ont pas cessé de dépendre fortement de ses installations de transport pour leurs importations et exportations ainsi que pour le transfert de leurs nationaux émigrés en Côte d'Ivoire.

Transport terrestre

Le réseau routier

En 2000, le réseau routier total de la Côte d'Ivoire s'étend sur 85 000 km, dont 75 500 km de routes en terre, 6 500 km de routes bitumées, et 150 km d'autoroutes.

Il sert au trafic international avec les pays voisins (Ghana, Libéria, Mali, Burkina Faso...) mais également à la circulation nationale.

Celle-ci concerne un parc automobile estimé à 600 000 véhicules environ, constitué à 75 % de véhicules d'occasion (de seconde main), en raison de la baisse du pouvoir d'achat depuis le début de la crise économique dans ce pays.

L'acquisition de véhicules d'occasion reste une alternative moins couteuse qui a permis de maintenir un rythme global de 20 000 immatriculations chaque année.

Le Groupe Bolloré a commencé la mise en œuvre à Abidjan des premiers bus électriques d'Afrique.

Le réseau ferroviaire

Le réseau ferroviaire est long de 1 260 km et relie le pays au Burkina Faso et au Niger.

Une voie ferrée, longue de 1 156 km, relie Abidjan à Ouagadougou, capitale du Burkina Faso.

Construite pendant la période coloniale par la régie Abidjan-Niger (RAN), elle a permis le désenclavement de l'ex-Haute-Volta (Burkina Faso), du Niger et du Mali.

Cette ligne de chemin de fer, exploitée par Sitarail, joue un rôle important dans le transport des marchandises et des personnes entre la Côte d'Ivoire et les pays limitrophes : 1 million de tonnes de marchandises ont ainsi été convoyées en 2006.

En 2005, malgré l'impact négatif de la crise ivoirienne sur ce secteur, les recettes rapportées par le transport des marchandises et par celui des personnes, par la RAN, sont évaluées respectivement à 16 309 et 3 837 milliards de francs CFA.

Port d'Abidjan

Inaugurée en 1951, la zone portuaire d'Abidjan s'étend sur 770 hectares et dispose d'équipements modernes servant à l'approvisionnement de l'ensemble des pays enclavés de la région.

C'est le premier port thonier d'Afrique de l'Ouest. Il dispose de trente-trois postes à quai sur environ six kilomètres de quai et peut accueillir soixante navires en opérations commerciales avec ces nombreux postes spécialisés, son terminal à conteneurs, et ses cinq portiques lourds à conteneurs.

Un projet d'extension du port a été élaboré mais n'a pu démarrer du fait de la crise ivoirienne. Mais, déjà, avec les installations existantes, le port autonome d'Abidjan contribue à 90 % des recettes douanières du pays et à 60 % du revenu de l'État.

65 % des unités industrielles du pays exercent sur le port, représentant un effectif de 50 000 personnes sur le site. 70 % du PIB ivoirien passe également par le port.

Le Plan national de développement 2012-2015 prévoit des investissements importants.

En 2012, la société Bolloré Africa Logistics, premier opérateur logistique en Afrique, a mis en service de nouveaux quais entièrement réhabilités et modernisés et a mis en œuvre une troisième grue mobile.

En 2015, la société Abidjan Terminal a annoncé la mise en œuvre de six nouveaux portiques de parc et 4 nouveaux portiques de quai.

Ces investissements devraient permettre de doubler la capacité du port à 1,5 millions de mouvements de conteneurs équivalents vingt pieds par an.

Port de San-Pedro

Le port autonome de San-Pedro, lui, dispose de cinq quais de 1 202 m de long, dont 155 m de quai sud et 581 m de quai ouest avec, à l'arrière, trois magasins-cales de 13 800 m² qui lui permettent d'affirmer sa vocation industrielle.

Transport aérien

La Côte d'Ivoire dispose de trois aéroports internationaux, situés à Abidjan, Yamoussoukro et Bouaké, quatorze aéroports régionaux dont les principaux sont ceux de Daloa, Korhogo, Man, Odienné et San-Pédro ainsi que de vingt-sept aérodromes.

Tous les aéroports sont sous l'autorité générale de l'établissement public, l'Agence nationale de l'aviation civile et de la météorologie (ANAM), à l'exclusion des activités relevant de la compétence de l'Agence pour la sécurité de la navigation aérienne en Afrique et à Madagascar (Asecna).

Depuis le déclenchement de la crise, seules cinq plateformes sont accessibles. Il s'agit d'Abidjan, de San-Pédro, de Yamoussoukro, de Daloa et de Tabou.

L'essentiel de ce trafic est assuré par des entreprises aéronautiques européennes et quelques entreprises africaines.

La compagnie nationale Air Côte d'Ivoire développe pour sa part, une politique commerciale axée sur le développement de ses lignes vers les pays de l'Afrique de l'Ouest et vers la France.

Aéroport d'Abidjan ou Aéroport International Félix-Houphouët-Boigny

Pour l'aéroport d'Abidjan, dénommé aéroport international Félix-Houphouët-Boigny, les statistiques établies en 2005 indiquent 14 257 mouvements commerciaux (arrivées et départs), 745 180 passagers commerciaux (arrivées, départs et transit) et 12 552 tonnes de fret commercial. L'aéroport d'Abidjan assure 90% du trafic et réalise plus de 95 % des recettes du secteur.

Sa gestion est devenue privée, après la signature d'un contrat avec Aeria, société créée en association avec la Chambre de commerce de Marseille (France).

Construit pendant les années 1970, l'aéroport fut d'abord géré par un établissement public dédié.

Sans évolution conséquente depuis et mal géré, l'aéroport est devenu vétuste et considéré comme tel pendant les années 1990.

Le gouvernement ivoirien décide alors en 1996 d'en faire concession à une entreprise privée moyennant une redevance à l'État, qui reste propriétaire.

La concession est d'une durée limitée et renouvelable, tandis que la redevance est de 22 % du chiffre d'affaires de l'entreprise gérant la concession tant que ses comptes sont équilibrés.

L'aéroport est depuis le 1er juillet 1996 géré par Aéria, une entreprise privée de droit ivoirien.

Celle-ci effectua une réhabilitation complète de l'aéroport entre 1997 et 2001, d'un coût de 45 milliards de francs CFA.

Ces travaux ont permis d'en faire l'un des plus modernes et l'un des principaux aéroports d'Afrique de l'ouest, la surface de l'aérogare internationale étant portée à 25 000 m2 et la capacité de l'aéroport passant de 150 000 passagers annuels à deux millions.

Une extension des travaux achevés en 2001 a permis d'allonger la piste de 2 700 à 3 000 mètres.

Les troubles qui ont eu lieu en Côte d'Ivoire au début des années 2000 ont eu un impact négatif sur l'aéroport.

Il est en effet une infrastructure stratégique tant pour l'évacuation des ressortissants étrangers que pour l'acheminement de matériel militaire.

En novembre 2004, après les événements d'Abidjan, l'aéroport a été pillé et endommagé. Il a été repris aux pillards par les troupes françaises et rendu au gouvernement ivoirien dans la deuxième quinzaine du mois de novembre.

L'aéroport est par la suite remis à neuf par l'État ivoirien et modernisé avec de nouveaux équipements modernes.

Dans la nuit du 2 au 3 avril 2011, l'aéroport est à nouveau pris par les troupes françaises, dans le but d'évacuer les ressortissants français et étrangers, alors qu'est annoncé l'assaut final contre le palais présidentiel lors de la bataille d'Abidjan.

Après la fin du conflit en avril 2011, l'aéroport est rendu à l'État ivoirien et des projets de développement de l'aéroport sont réamorcés.

Trafic

Avant le coup d'État de Robert Guéï et la décennie de crise politico-militaire, l'aéroport Félix-Houphouët-Boigny était l'un des plus importants d'Afrique, avec un trafic passager dépassant le million de voyageurs à la fin des années 1990.

La succession de crises politiques et militaires ont sérieusement affecté l'image du pays et ont réduit l'importance de l'aéroport dans la sous-région en termes de trafic. L'aéroport est classé au 29e rang sur 50 aéroports africains en 2013.

En 2015 le trafic est de 1 572 753 passagers avec 29 986 mouvements et 20 607 tonnes de fret ; 40% du trafic passager étant assuré par Air Côte d'Ivoire.

Télécommunications

Les télécommunications couvrent en Côte d'Ivoire les domaines de la téléphonie fixe, la téléphonie mobile et l'Internet.

Prolongement à l'échelon national de l'industrie mondiale des télécommunications, elles sont caractérisées par d'importantes innovations technologiques et, nonobstant la crise, un marché local en pleine expansion.

Le réseau du téléphone fixe qui compte en 1997, 115 214 lignes passe dès 2003, à 330 000 lignes, soit à peu près trois fois sa taille et, sur la même période le nombre total des abonnés de tous les réseaux, lui, est multiplié par douze.

L'Internet notamment grâce à la fibre optique, se répand de plus en plus dans tout le pays.

La téléphonie fixe est dominée par Côte d'Ivoire Télécom, société à participation financière de l'État ivoirien et filiale de France Télécom.

Cette entreprise réalise en fin d'exercice 2004, un chiffre d'affaires de 121,4 milliards de francs CFA.

Pourtant, c'est la téléphonie mobile qui se révèle la locomotive du secteur dont le marché est réparti entre quatre opérateurs privés : Orange (groupe France Télécom), MTN (compagnie sud-africaine), Moov et depuis juillet 2006, Koz.

À eux seuls, les trois premiers cumulent en 2005, un chiffre d'affaires de 198,9 milliards de francs CFA.

Depuis 2006, les réseaux télécoms du pays offrent des accès à Internet.

Cinq opérateurs principaux se répartissent le marché local de l'Internet : Aviso, Globe Access, Comète, Afnet et Africa Online.

Le renforcement des réseaux de type Asymetric Digital Subscriber Line (ADSL) a permis de doubler la capacité de connexion et d'assurer une meilleure couverture des villes de l'intérieur du pays.

Le service postal qui existe en Côte d'Ivoire depuis le 19e siècle, est en 2008, après plusieurs mutations, animé par une société d'État, la Poste de Côte d'Ivoire.

La Poste de Côte d'Ivoire assure le transport de messagerie (lettres, cartes, documents) et de marchandises (paquets et colis), ainsi que le transfert d'argent.

Elle dispose de 197 bureaux répartis sur l'ensemble du territoire, 56 centres de distribution rurale, deux centres de tri postal, deux centres de colis postaux et un centre philatélique.

Parallèlement à la poste, des distributeurs privés en croissance rapide proposent de nouvelles formules.

Structure économique

Secteur primaire

Occupant en 2007, 66 % de la population active et contribuant à hauteur de 70 % aux recettes d'exportation, l'agriculture affirme sa primauté dans l'activité économique de la Côte d'Ivoire.

Mais cette agriculture est elle-même marquée par la domination du binôme café-cacao qui représente 40 % des recettes d'exportation et 20 % du PIB et fait vivre 6 millions d'ivoiriens, avec 600 000 exploitations en activité.

Le cacao, dont la Côte d'Ivoire génère 40 % de la production mondiale, est la principale ressource économique du pays.

La Côte d'Ivoire occupe, à l'échelle mondiale, la place de premier producteur de cacao (1,404 million de tonnes, campagne 2003-2004) ; elle est troisième en ce qui concerne la noix de coco ; par contre la culture du café a largement périclité (154 000 t, campagne 2003-2004) et le pays n'est plus que 14e producteur mondial, très loin derrière le Brésil et le Vietnam.

Les plantations de cacao et café âgées tendent à ne plus être renouvelées à cause de la pression des maladies et de l'épuisement des sols, et sont graduellement remplacée par l'hévéa.

Le pays développe parallèlement d'autres filières de productions pour l'exportation telles celles de l'huile de palme (109 162 t), du coton (180 144 t), du caoutchouc (141 379 t), des bananes (307 227 t) et des ananas (226 022 t).

La Côte d'Ivoire produit des graines de palme (1,564 million de tonnes), de la canne à sucre (1,430 million de tonnes), des noix de kola (65 216 de tonnes), des noix de cajou (167 000 de tonnes), et des mangues (120 902 de tonnes).

Les cultures vivrières sont également présentes : banane plantain (1 519 716 t), maïs (608 032 t), taro (51 252 t) et riz (673 006 t).

Auto suffisante pour le manioc et l'igname, la Côte d'Ivoire reste cependant, un importateur net en céréales.

Cacao

La Côte d'Ivoire demeure, avec 40 % de la production, le premier producteur mondial de cacao devant le Ghana.

La production nationale atteint 1,335 million de tonnes en 2003-2004, avec une part de 1,060 million de tonnes destinées aux exportations durant la même période.

Le prix d'achat du cacao au producteur a chuté de 688 francs CFA en 2002-2003 à 207 francs CFA le kg en 2003-2004, du fait de la baisse des cours mondiaux et de la spéculation pratiquée par les acheteurs-exportateurs.

En légère hausse, la proportion de cacao transformée par l'agro-industrie locale représente près de 20 % de la production totale en 2003-2004.

Café

Ces produits phares ont connu des fortunes diverses. Après avoir été classée troisième producteur mondial de café pendant près de trente ans, la Côte d'Ivoire enregistre une baisse de production, passant de 250 000 tonnes en 1990 à 145 000 tonnes en 1994.

Même si la production du pays remonte à un niveau proche de celle des trente premières années de son indépendance, celui-ci n'est plus, en 2007, que quatorzième producteur mondial, concurrencé puis devancé plus récemment (entre 2004 et 2007) par le Pérou, le Costa Rica, le Nicaragua et l'Ouganda.

Le prix moyen d'achat bord champ reste assez faible (355 francs CFA le kg au cours de la campagne 2003-2004) autant que la proportion de café transformée par l'agro-industrie locale qui est passée de 3,6 % en 2001-2002, à 2 % de la production totale en 2003-2004.

Institutions

La libéralisation du secteur a fait naître différentes structures dont la gestion est controversée : le Fonds de régulation et de contrôle café-cacao (FRCC), la Bourse du café et du cacao (BCC), l'Autorité de régulation du café et du cacao (ARCC) et le Fonds de développement et de promotion des activités des producteurs de café et de cacao (FDPCC).

Nouvelles orientations (2012)

L'agro-industrie devrait devenir rapidement le fer de lance des exportations autour d'une montée en gamme vers des produits transformés à plus forte valeur ajoutée à partir des productions de cacao, de café, des fruits tropicaux, de coton, d'hévéa et de l'huile de palme.

L'exportation des produits transformés est bien plus rentable et le pays devrait en priorité se tourner vers le marché local de sa sous-région économique.

Élevage et pêche

Dès son accession à l'indépendance, la Côte d'Ivoire, qui n'est pas un pays de tradition pastorale, met un accent particulier sur le développement de l'élevage.

Celui-ci connaît effectivement une augmentation globale, en dépit de quelques baisses enregistrées au niveau de la production.

Le cheptel national composé de bovins (1,346 millions), des ovins et caprins (2,121 millions), de porcins (300 000), ainsi que la volaille (10 millions) ne peut seul couvrir les besoins de la consommation nationale aussi le pays doit-il recourir à des importations de viande.

La Côte d'Ivoire met également en valeur ses atouts pour le développement de la pêche, notamment sa façade côtière sur le golfe de Guinée.

Il constitue une flottille, procède à l'extension des ports de pêche à Abidjan et San-Pédro et il incite aussi au développement de l'aquaculture, par la création de piscines et étangs piscicoles.

Pour aider à combler le déficit en produits halieutiques, la Côte d'Ivoire conclut des accords de pêches et de coopération avec l'Union européenne et la Guinée-Bissau mais elle importe aussi des produits de pêche auprès du Sénégal et de la Mauritanie.

En 2004, la production totale de la pêche en Côte d'Ivoire est évaluée à 54 397,811 tonnes de produits de pêche dont 19 379 pour la pêche industrielle et 35 018,811 pour la pêche artisanale, traditionnellement pratiquée par les populations vivant sur la côte maritime et autour des lagunes.

La production aquacole représente 866,05 tonnes pour la même période, dont 331,35 pour les produits d'origine lagunaire et 534,7 pour ceux d'origine continentale.

Le pays doit aussi faire faces à de nombreuses violations de ses eaux territoriales par des bateaux de pêche étrangers.

Le pays doit importer pour satisfaire ses besoins du thon, des conserves, des maquereaux congelés et d'autres poissons, vivants ou fumés. Elles représentent en 2002, 204 757 tonnes.

Secteur secondaire

Industrie

En 1960, la Côte d'Ivoire décide de ne pas se cantonner à l'exploitation et de l'exportation des produits bruts du secteur primaire et de développer aussi le secteur de l'industrie.

L'industrie représente alors seulement 10 % de la production intérieure brute, pour un chiffre d'affaires global de 13 milliards de francs CFA.

Face aux contraintes liées au coût élevé des facteurs de production, à la rareté de main-d'œuvre qualifiée et aux difficultés de financement, la nouvelle politique mise en place par le jeune État est essentiellement axée sur l'adoption d'un code des investissements, en vue d'attirer les investisseurs étrangers.

Ainsi en 1976 et 1977, le chiffre d'affaires global des entreprises industrielles est respectivement de 350 milliards et 459 milliards de francs CFA.

L'industrie ivoirienne qui se caractérise par un grand nombre de petites et moyennes entreprises et très peu de grandes entreprises demeure cependant la plus diversifiée de la sous-région ouest-africaine et représente 40 % du potentiel industriel de l'UEMOA, malgré les difficultés réelles auxquelles elle est confrontée.

Si en 2000 la plupart des secteurs industriels enregistrent des taux de croissance négatifs, en 2002 et 2003, l'extraction de pétrole et les mines sont en hausse de 78,3 et 74,8 %, puis de 3,5 et 10,7 % en 2004 et 2005.

Les industries agroalimentaires, après avoir connu des taux de croissance négatifs de 16,5 % en 2002 et 20,2 % en 2003, enregistrent des taux positifs de 1,6 % et 4,6 % en 2004 et 2005.

Pour des raisons liées à la baisse de la consommation intérieure et aux difficultés de transport pour l'exportation, le secteur industriel connaît à nouveau des difficultés en 2006.

Les industries chimiques connaissent une hausse de 8,3 et 8,4 % en 2004 et 2005, tandis que les matériaux de construction augmentent de 25,7 et 26 % en 2004 et 2005, malgré la crise qui affecte le pays.

L'industrie agroalimentaire qui regroupe principalement la minoterie, le décorticage du riz (rizeries), la transformation de café et cacao, la production de sucre, les oléagineux, les conserves de poisson, les boissons et les huiles essentielles, subit tout particulièrement l'influence négative de la crise militaro-politique déclenchée en 2002.

La part de ce secteur dans le PIB passe en effet de 21 % en 2000 à 12,4 % en 2005. Par ailleurs, avec l'intensification des troubles politiques à la fin 2004, le secteur secondaire a, dans son ensemble, payé un lourd tribut à la crise.

D'autres branches de l'industrie ont, plus ou moins, mieux supporté la crise.

Ces industries du textile, des chaussures et du cuir, du bois (transformé) ainsi que les industries plastiques et chimiques, celles des matériaux de construction, de l'eau, et les industries du secteur bâtiment et travaux publics constituent l'essentiel du tissu industriel du pays.

Services (secteur tertiaire)

Entreprises du secteur

Le secteur tertiaire représente plus de la moitié du PIB ivoirien (54 % du PIB en 2006).

Cependant, ce secteur est, de loin, le plus affecté par la crise initiée en 2002.

En 2004, il a connu un recul de 0,5% à 1%, avec une chute de 5% de l'activité globale des sociétés de service.

Il paie non seulement les dégâts directs et indirects de la guerre, mais aussi la politique de fermeture ou de relocalisation de certaines sociétés dans la sous-région.

Toutes les branches du secteur ont enregistré des baisses significatives.

Ainsi, les ventes de détail ont connu une baisse globale de 0,6 % sur l'année 2004.

Cette chute est attribuable à la diminution des revenus des ménages, touchés par la fermeture des usines, les mises au chômage technique et le départ des expatriés.

L'indice du commerce de la BCEAO (Banque centrale des États d'Afrique de l'Ouest) est estimé à 1% sur l'année 2004.

L'initiative privée comme l'esprit d'entrepreneuriat se sont fortement développés en Côte d'Ivoire.

À tel enseigne que l'on dénombre à ce jour environ 40 000 entreprises dans ce pays, pour la plupart du secteur tertiaire.

L'initiative privée est encouragée et supporté par des organisations spécialisées telles que la Chambre de commerce et d'industrie de Côte d'Ivoire (CCI-CI), la Confédération générale des entreprises de Côte d'Ivoire (CGECI) et la Fédération ivoirienne des petites et moyennes entreprises (FIPME).

Prépondérante dans le secteur tertiaire, l'économie informelle avec ses divers petits métiers est réputée contribuer pour un cinquième au moins, à la création de la richesse nationale.

Elle constitue de ce fait l'un des moteurs de l'économie nationale ivoirienne.

Ce secteur créateur de richesse, utilise une importante main-d'œuvre et se révèle, en conséquence, distributeur de revenus.

Toutefois, malgré son importance en termes d'emplois, le secteur informel ne représente qu'une part relativement faible dans le produit national.

Ceci s'explique notamment par l'absence ou le faible niveau de qualification de ses animateurs et le caractère rudimentaire des équipements utilisés qui génèrent une faible productivité.

Ce secteur, mis en place au cours des années 1960 pour impulser le développement économique enregistre non seulement la participation financière de l'État, mais également et surtout celle de banques étrangères, notamment françaises.

Des banques spécialisées sont créées pour favoriser les investissements, soutenir l'agriculture ou l'acquisition de biens de consommation.

La conjoncture économique difficile qui survient à partir des années 1980 entraîne la fermeture de plusieurs d'entre elles.

La politique de privatisation adoptée dans les années 1990 réduit alors la participation de l'État dans le secteur bancaire.

Récemment, dans le cadre d'une nouvelle stratégie, la création de nouvelles banques s'appuyant sur l'actionnariat privé a été encouragée.

Les fonds de garantie, les sociétés de crédit, les Coopératives d'épargne et de crédit (Coopec) jouent également, avec les sociétés d'assurance, un rôle important dans l'économie et le système financier ivoiriens.

L'ensemble de ces entreprises contribue à réduire le taux de chômage du pays.

À l'avènement de la guerre, nombre d'entre avaient ralenti leurs activités de crédits en raison de l'instabilité de la situation, mais elles les reprennent depuis 2008 en se réinstallant progressivement dans les zones qu'elles avaient abandonnées du fait de la crise.

Malgré sept années de fort ralentissement, le pays dispose toujours d'un des réseaux bancaires les plus développés de l'Afrique de l'Ouest comptant en 2007, 19 établissements financiers dont 17 banques et deux établissements de crédit.

Les filiales de grandes banques françaises comme la BNP Paribas, le Crédit agricole (Société ivoirienne de banque) et la Société générale (SGBCI) et d'autres établissements (BIAO, BICICI), assurent une assez large couverture du territoire national.

Des banques spécialisées, créées par l'État, cohabitent avec les banques à capitaux privés ou étrangers.

Les plus importantes sont la Banque pour le financement de l'agriculture (BFA), la Banque de l'habitat de Côte d'Ivoire (BHCI), la Banque nationale d'investissement (BNI) créée en partie pour reprendre la gestion des dépôts de la Caisse autonome d'amortissement (CAA) et la Banque régionale de solidarité (BRS), un établissement spécialisé créé par la Banque centrale des États de l'Afrique de l'Ouest (BCEAO) pour assurer la promotion des petits investisseurs.

À celles-ci s'ajoute la Bourse régionale des valeurs mobilières (BRVM) issue de la restructuration et de la transformation de la Bourse des valeurs d'Abidjan (BVA) menée dans une perspective de renforcement de son rôle de pôle financier de la sous-région.

Basée à Abidjan, elle est dominée par les entreprises ivoiriennes puis sénégalaises mais joue un rôle régional, puisque des entreprises d'autres pays de l'Afrique de l'Ouest y sont cotées.

En 2006, 39 sociétés étaient cotées à la BRVM.

La Bourse enregistre une forte croissance des transactions en dépassant le niveau record atteint en 1999 avec 64 milliards de francs CFA de transactions.

Sa bonne performance est illustrée, en partie, par la forte hausse des valeurs enregistrée. Celle de la Société africaine de plantations d'hévéas (SAPH) est passée de 5 400 francs CFA en décembre

2005 à 12 800 francs CFA en décembre 2006 soit une progression de plus de 137 %.

Les compagnies d'assurances n'ont pas véritablement souffert de la crise.

En décembre 2006, 35 compagnies d'assurances (dont trois filiales de sociétés françaises) sont dénombrées en Côte d'Ivoire.

Le secteur dégage un chiffre d'affaires en hausse de 6,48 % pour un montant de 129,5 milliards de francs CFA.

Le marché ivoirien des assurances emploie environ 2 200 personnes et représente un tiers de celui de la Conférence interafricaine des marchés d'assurance (CIMA) qui regroupe 14 pays africains appartenant tous à la zone franc.

Tourisme

Comme bien des secteurs, le tourisme constitue dès les années 1960 l'un des axes majeurs de la politique de développement économique mise en place par les pouvoirs publics ivoiriens.

Une réglementation spécifique est fixée au cours des années 1970 et, dans cette logique de promotion, divers organes ou sociétés sont créés : La Société ivoirienne d'expansion touristique et hôtelière (SIETHO) ; Ivory coast tourism agency (ICTA), grossiste local et correspondant de nombreux voyagistes étrangers ; l'Office national de l'artisanat d'art (ONAA) ; l'Office ivoirien du tourisme et de l'hôtellerie (OITH) ; ou encore, Côte d'Ivoire Tourisme.

Dans cette même logique, d'importants investissements sont réalisés tant par l'État que par des investisseurs privés pour promouvoir le tourisme.

Les investissements de l'État concernent principalement la mise en valeur des atouts touristiques du pays mais aussi la construction d'établissements hôteliers de prestige : L'hôtel Ivoire et l'hôtel du Golf à Abidjan ainsi que l'hôtel Président à Yamoussoukro.

Ils côtoient d'autres établissements de même rang, édifiés par de grands groupes internationaux : Sofitel, Novotel et Ibis notamment.

L'important développement économique de la Côte d'Ivoire jusqu'au milieu des années 1980 en fait une destination orientée beaucoup plus vers les affaires que les loisirs.

La forte communauté d'européens qui y vit en permanence à cette époque et la hausse générale du niveau de vie permettent le développement d'infrastructures de grande qualité, ouvertes à une clientèle haut de gamme et à un tourisme d'affaire.

Naturellement, après la crise politico-militaire de ces dernières années, la Côte d'Ivoire est particulièrement touchée dans son industrie touristique perturbée par la scission qu'a connu le pays et par l'affaiblissement de son rôle de carrefour régional.

L'État ivoirien s'évertue à promouvoir, de nouveau, l'image du pays à travers le tourisme et espère engranger des ressources complémentaires grâce à ce secteur.

Rôle de l'État

Secteur parapublic

L'État ivoirien joue un rôle important dans l'économie du pays tant au niveau légal (réformes fiscales et budgétaires, renforcement de la réglementation liée aux marchés publics) que par son implication dans le secteur parapublic et privé où sa présence moins importance que dans les décennies passées reste cependant significative.

Le secteur parapublic, connait depuis le début des années 1990, une évolution notable.

Le nombre des sociétés d'État et des sociétés à participation financière de l'État, est passé de 200 à 77 en 1996 en conformité avec un vaste programme de privatisation lancé par les pouvoirs publics ivoiriens.

En mars 2006, le pays compte 27 sociétés d'État dont 18 nouvelles parmi lesquelles d'anciens établissements publics transformés en sociétés dans un souci d'efficacité selon les déclarations officielles.

L'État ivoirien qui reste encore majoritaire dans 13 sociétés, conserve dans 11 autres une minorité de blocage et concède d'être minoritaire dans 27 entreprises.

Investissement étranger

La Côte d'Ivoire commerce avec tous les pays du monde et accueille en son sein une large mosaïque de cultures et de nationalités.

Mais elle offre surtout aux investisseurs l'avantage d'être un pôle économique qui ouvre sur tous les marchés de la sous-région.

Ceci lui a permis de conforter son 4e rang au sein des pays africains au sud du Sahara, derrière l'Afrique du Sud, l'Angola et le Nigeria en termes de flux entrants d'IDE.

Au 78e rang des pays d'accueil des stocks d'IDE dans le monde, le pays, jusqu'en 2002, ne faisait pas partie des États africains les plus affectés par le recul global des Investissements directs étrangers, selon la CNUCED.

Depuis, la courbe d'investissement fléchit.

L'investissement privé a stagné en 2004 par rapport à 2003, et s'est contracté en 2005.

Toutefois, fort des signes de vitalité et d'opportunités de diversification montrés par l'économie ces dernières années, le pays cherche à séduire les investisseurs, en améliorant l'environnement des affaires.

L'objectif affiché étant d'attirer le plus d'investissements internationaux possibles, la Côte d'Ivoire procède non seulement à un renforcement du partenariat public-privé, mais encore instaure un code des investissements assez attractif en vue d'assurer la sécurité juridique ainsi que celle des biens et des personnes.

Elle entend ainsi diversifier les partenaires, tout en continuant à s'appuyer sur son partenaire traditionnel, la France classé en 2016 au second rang des investissements étrangers en Côte d'Ivoire avec 16%.

Le royaume du Maroc est désormais avec 22%, soit 147 milliards de francs cfa, le principal investisseur en Côte d'Ivoire.

Dans un contexte de reconstruction, les besoins s'avèrent énormes, les autorités ivoiriennes se veulent accueillantes et les structures d'accueil telles que le Centre de promotion des investissements en Côte d'Ivoire (CEPICI), la Chambre du commerce et de l'industrie (CCI-CI) et la Chambre du commerce et d'industrie française en Côte d'Ivoire (CCIFCI) font montre de dynamisme.

La diaspora ivoirienne est un acteur économique important.

Elle est estimée à environ 1 500 000 personnes dont 127 000 dans la seule Île-de-France auxquels s'ajoutent ceux des autres villes françaises, des autres pays d'Europe (Belgique, Suisse, Allemagne, Grande-Bretagne, Italie...), et ceux d'Amérique du Nord (Canada, États-Unis).

En temps de crise, son rôle devient essentiel. Elle constitue un véritable soutien pour les familles restées au pays, mais aussi pour l'ensemble de l'activité économique.

Dans certains secteurs, elle constitue un pourcentage non négligeable de la clientèle des entreprises.

C'est le cas plus particulièrement du marché de l'immobilier pour lequel la diaspora ivoirienne représente entre 25 et 40 % des acheteurs.

Influences étrangères

La Côte d'Ivoire est membre de l'Union économique et monétaire ouest-africaine, dont la monnaie, le franc CFA, est arrimée par un régime de change fixe à l'euro ; la parité de change est de 1 euro = 655,957 FCFA.

Les taux de change du franc CFA vis-à-vis des autres monnaies mondiales dépendent donc directement de celui de l'euro.

Le but est d'assurer la stabilité de la monnaie en l'arrimant à une monnaie stable et de profiter de la crédibilité de la Banque centrale européenne, indépendante des pouvoirs politiques.

Ce mécanisme a cependant pour inconvénient de faire subir à l'économie ivoirienne les fluctuations de l'euro, qui dépendent des fondamentaux de la zone euro mais qui ne correspondent pas forcément à la situation économique des pays de la zone monétaire du franc CFA.

Bien que l'économie du pays repose encore en grande partie sur les investissements français, ceux-ci sont cependant, d'un niveau relativement moyen : 3,5 milliards d'euros.

Ils ont en fait beaucoup diminué depuis que Sucden (Sucres et denrées) a été supplanté par l'américain Philbro dans le contrôle des matières premières de Côte d'Ivoire.

Le nombre de Français est ainsi passé de 50 000 à 16 000 des années 1980 aux débuts des années 2000.

Ainsi, la France n'est plus que le deuxième fournisseur de la Côte d'Ivoire, derrière le Nigeria (respectivement 20 % et 26 % des importations ivoiriennes), et, si elle demeure son premier client, elle n'absorbe plus que 14 % des exportations ivoiriennes.

Positions extérieures

L'économie de la Côte d'Ivoire dépend pour l'essentiel, de ses exportations agricoles qui assurent au pays un solde commercial positif, mais en recul depuis 2002.

La maîtrise de la production cacaoyère face à la crise a constitué un avantage considérable dans la structure de la balance commerciale.

En 2005, les exportations du pays ont affiché une légère reprise par rapport à 2004.

Le cacao, la première culture d'exportation a contribué au tiers des exportations totales du pays.

Avec le choc pétrolier actuel, les exportations pétrolières ivoiriennes ont progressé.

L'année 2004 a notamment vu une augmentation des exportations de pétrole raffiné, consécutive à une reprise de l'activité de raffinage dans le pays.

Ces exportations ont progressé de 38 % en volume, et 64 % en valeur. Les exportations de produits pétroliers (dont le pétrole brut) retrouvent ainsi, en volume et en valeur, leur niveau de l'année 2000, en totalisant près de 15 % des exportations du pays, soit 640 357 milliards de francs CFA.

Les principaux clients des produits raffinés ivoiriens sont le Nigeria et les États-Unis.

2005 a enregistré une légère baisse des exportations, passant de 43,3 % en 2004 à 41,6 %.

Toutefois, l'année 2006 a connu une amélioration des exportations.

La Côte d'Ivoire réaffirme ainsi sa capacité industrielle et exportatrice, et sa place dans les approvisionnements énergétiques de la région.

Les importations ivoiriennes ont augmenté en 2005 par rapport à 2004. Les importations d'automobiles ont connu, en valeur, une hausse de 65 % environ.

Cette augmentation est due principalement à l'importation de voitures d'occasion, qui ont représenté les deux tiers des véhicules immatriculés.

Le pétrole brut (avec 20 % des importations totales) demeure le premier poste d'importation du pays.

L'augmentation en volume de 14 % et la hausse consécutive à la flambée des cours du pétrole sur le marché international ont fait grimper la facture de 76 %.

Ces importations ont été couvertes par la production du Nigeria.

Les échanges cumulés avec les pays de l'Union européenne (UE) ont atteint 2 275 milliards de francs CFA. L'UE représente 42 % des approvisionnements de la Côte d'Ivoire.

La CEDEAO, pour sa part, a constitué 25 % des échanges cumulés, soit 1 308 milliards de francs CFA, avec une balance commerciale excédentaire pour la Côte d'Ivoire de 236 milliards de francs CFA.

La France demeure le premier partenaire commercial du pays. Elle est son deuxième fournisseur, devancée de peu par le Nigeria.

En 2005, les importations ivoiriennes ont connu une légère hausse, passant de 25,8 % à 29,3 % du PIB.

L'encours de la dette extérieure de la Côte d'Ivoire a été évalué, fin 2003, à 12,2 milliards de dollars, dont 733 millions au titre des arriérés de paiement accumulés entre 2002 et 2003.

Mais en 2015, la dette multilatérale représente environ le tiers de cet encours, dont plus de 50 % dus à la Banque mondiale.

Les deux tiers environ de la dette bilatérale concernaient les membres du Club de Paris, et le solde relevait des banques commerciales regroupées dans le Club de Londres.

En 2004, la dette extérieure équivalait à environ 80 % du PIB, et le service de la dette à 7,8 % des exportations de biens et services. Encore une fois, la reprise de la coopération financière avec la Côte

Population active

La démographie ivoirienne connaît une forte croissance démographique comme la quasi-totalité des pays en développement.

Au cours des derniers recensements effectués en 1975, 1988 et 1998, sa population a été chiffrée respectivement à 6 709 600, 10 815 694 puis 15 366 672 habitants.

En 2005, la Côte d'Ivoire compte approximativement 19 800 000 habitants. En 2008, le taux de croissance de la population est estimé à 1,96 %, un chiffre relativement faible.

Parallèlement, les démographes tablent sur un taux de croissance de la population active également élevé.

Emploi et chômage

Le nombre d'emplois est estimé en 2000 à 6 006 190.

L'évolution de l'emploi est influencée par la croissance économique, (création d'emplois au-dessus d'un taux de croissance de 1,5 %), et par une crise politico-militaire.

Cette dernière a considérablement détruit l'outil de production, plaçant bon nombre d'ivoiriens en âge de travailler en chômage technique.

En 2002, le taux de chômage représente 6,2 % de la population active, soit 402 274 chômeurs sur une population active de 6 502 1153.

La situation du marché du travail en Côte d'Ivoire est proche de celle des pays de l'Afrique subsaharienne.

L'offre largement en dessous de la demande conduit à un déséquilibre inéluctable et pousse les salaires à la baisse.

Les structures tant publiques que privées, pourvoyeuses d'emplois salariés, n'étant pas capables d'absorber toutes les demandes, le nombre de sans-emplois (population en quête d'un premier emploi) et de chômeurs générés par la crise économique demeure donc important.

C'est un des problèmes majeurs de la Côte d'Ivoire mais c'est aussi une question épineuse parce que la population ivoirienne est essentiellement jeune.

L'enseignement supérieur ivoirien forme des diplômés qui ne trouvent pas forcément du travail et de nombreuses entreprises ont fermé ou délocalisé leurs activités, notamment dans le domaine de l'industrie touristique, du transit et de la banque depuis déjà presque une décennie.

Au cours de l'année 2000, il est dénombré 105 000 fonctionnaires après la mise en œuvre des mesures de dégraissage de la fonction publique.

Le but fixé était de réduire le poids des salaires dans le budget de l'État. Cet effectif qui a très peu varié au cours des dernières années laisse une place plus importante au secteur privé qui emploie quant à lui 498 906 salariés en 2002, contre 556 678 en 1998.

Pour résoudre le problème de l'emploi des jeunes, plusieurs pistes sont explorées par les pouvoirs publics ivoiriens : la création d'emplois, ou l'exhortation à la création d'entreprise ; l'adaptation du système éducatif aux contraintes du marché de l'emploi, mais également la formation de formateurs capables d'assurer la relève du corps enseignant.

Le problème du chômage reste d'abord structurel et nécessite, en complément des emplois salariés, la diversification des emplois, par la création d'activités indépendantes génératrices de revenus.

Globalement, il a été constaté une forte hausse des petits métiers et des emplois précaires principalement dans le secteur agricole qui, animé par 3 893 893 personnes avec 7,5 % de salariés, comprend 52 % de travailleurs indépendants et 40,2 % de travailleurs familiaux auxquels s'ajoutent 0,3 % d'autres intervenants.

Cette population agricole représente 2/3 de la population ivoirienne active, avec 45 % de femmes notamment dans le domaine des maraîchers, pour 55 % d'hommes plus présents dans l'agriculture d'exploitation.

Le secteur informel connait une croissance très forte tant dans l'agriculture que les services et l'industrie. Il occupe 4 107 595 personnes en 2002, contre 1 698 300 personnes en 1995, soit une augmentation de 142 % en sept ans.

Cette forte croissance est liée notamment à la saturation du marché du travail salarié. En dépit de ces évolutions, le taux de chômage reste élevé.

Pauvreté et inégalité

L'indice de pauvreté en Côte d'Ivoire (proportions de personnes en dessous du seuil de développement humain admis) atteint 40,3 % en 2004, mettant le pays au 92e rang de 108 pays en développement.

La Côte d'Ivoire reste donc un pays à économie sous-développée.

La pauvreté s'est fortement aggravée durant la période précédant la crise.

L'indice de pauvreté est ainsi passé de 32,3 % en 1993 à 36,8 % en 1995.

En 2003, il s'est situé entre 42 % et 44,2 % contre 38,4 % en 2002.

La baisse de l'indice de pauvreté en 2003 et 2004, par rapport à 2002 est probablement lié aux déplacements internes des populations, aux perturbations des systèmes de production et de commercialisation et à la dégradation des infrastructures sociales de base dans certaines régions.

Les inégalités restent très marquées, et se sont accentuées en 2002.

Les 10 % des plus riches cumulaient 36 % du revenu national contre 20 % pour les 50 % les plus pauvres.

La Côte d'Ivoire reste donc, l'un des pays les plus pauvres de la planète et également une contrée fragile sur le plan social.

Éducation en Côte d'Ivoire

L'éducation en Côte d'Ivoire a été successivement sous l'influence de la tradition, de l'Islam puis du Christianisme intervenus sur le territoire à la faveur de la colonisation du pays.

Des établissements d'enseignements confessionnels demeurent encore dans le pays en 2010 mais ils ne constituent plus l'essentiel d'un système largement laïque et structuré en plusieurs paliers.

Ceux-ci comprennent l'enseignement préscolaire, primaire, secondaire et supérieur ainsi que des composantes importantes de formation professionnelle.

Considérée comme une priorité par les pouvoirs publics ivoiriens, l'éducation en Côte d'Ivoire traverse une importante crise consécutive en majeure partie à la faiblesse de la planification dans ce domaine.

Elle se traduit par un grave déficit d'infrastructures de formation à tous les niveaux (Primaire, secondaire et supérieur) qui illustre le profond déséquilibre entre l'offre très limitée d'infrastructures de formation et la forte demande.

Éducation dans la société traditionnelle ivoirienne

Des systèmes éducatifs traditionnels existaient en tous points du territoire ivoirien avant l'apparition des premières écoles coraniques et occidentales.

Toutefois, à l'extrême diversité des ethnies du terroir correspondait l'extrême variété de ces systèmes.

Diffus ou institutionnalisés, ils restaient étroitement liés au vécu quotidien des populations dans la communauté.

Dans les systèmes traditionnels, l'éducation est dispensée partout même si, dans certains cas, en particulier celui de l'initiation, elle s'effectue dans un lieu précis qui est le bois sacré.

L'éducation qui se confond pratiquement avec la vie concrète du groupe et qui est ainsi liée à tous les instants, se donne tout le temps.

C'est aussi l'affaire de tous, sauf en ce qui se rapporte à l'apprentissage des spécialités tels la formation de forgerons.

Elle est étroitement liée au milieu et directement axée sur les besoins de la société débouchant sur l'intégration de l'individu dans le mode de vie et de production.

L'intégration à la production se réalise très tôt par une responsabilisation précoce qui permet à l'individu de participer à la vie de production.

La formation insiste sur la coopération et l'esprit communautaire. Elle concerne tout le monde, bien que certains savoirs soient l'apanage de quelques privilégiés regroupés dans des cercles ésotériques.

L'esprit magique y joue rôle fondamental et la recherche de connaissance des lois surnaturelles pour infléchir la nature lui imprime une forte présence de mysticisme et de fétichisme. D e fait, la religion et le sacré sont présents dans tous les actes de la vie.

Cette éducation a aussi un caractère global en ce qu'elle prend en compte la totalité de la personne dans ses différents aspects physique, moral et spirituel.

Elle permet, en outre, de conserver les acquis de la communauté et de la faire perpétuer en donnant une part importante à l'éducation des enfants par les personnes plus âgées.

La vieillesse, perçue comme une valeur positive et considérée comme le stade supérieur de l'éducation est, de ce fait, vénérée.

Chaque communauté élabore ses propres modèles et la langue du groupe constitue le support de communication dans un milieu où les connaissances sont transmises oralement.

Enfin, l'éducation traditionnelle comporte, dans des proportions variables, des éléments formels et informels parfois étroitement imbriqués.

Mise en contact avec le colonisateur à son arrivée sur ce terroir, l'éducation traditionnelle a, de prime abord, été dédaignée par celui-ci.

Elle a cependant subsisté grâce à une volonté générale des populations autochtones de perpétuer l'héritage culturel ivoirien.

Plus tard cependant, la perception du système traditionnel a progressivement évolué.

Au moment de mettre au point un système d'éducation moderne, il a fallu tenir compte de l'existence des systèmes d'éducation propres aux cultures traditionnelles puis, imprimer une rénovation au système éducatif de type occidental en intégrant une pratique d'enseignement moins formel, en privilégiant un lien plus étroit avec l'environnement immédiat et la production, en préservant le caractère global de l'éducation et en favorisant une pédagogie de l'apprentissage et de la participation.

Apparition et évolution des premières écoles islamiques

L'islam pénètre en Côte d'Ivoire par le nord et l'ouest au 14e siècle mais son implantation de manière stable et cohérente dans le nord du pays s'effectue au 18e siècle.

Cette expansion, portée par les commerçants dioulas, plutôt soucieux de faire écouler leurs produits, s'est effectuée de manière pacifique amenant dans son sillage les premières écoles coraniques.

Celles-ci se développèrent si bien qu'en 1938, il y avait trois fois plus d'enfants dans les écoles coraniques que dans les écoles européennes pour l'ensemble de l'Afrique occidentale Française.

L'administration coloniale fut très tôt confrontée au problème musulman dans le processus de l'occupation systématique du pays.

Elle eut cependant du mal à développer une attitude cohérente devant ce phénomène jugé à la fois marginal mais aussi susceptible développement inquiétant.

À l'absence de politique clairement définie et cohérente face à l'Islam et l'école coranique, l'essentiel des options administratives a été fonction de la personnalité de l'Administrateur en place.

Cette politique hésitante a d'abord tenté de s'assurer le contrôle des écoles coraniques à défaut de pouvoir en améliorer le niveau ou de les remplacer par une école européenne.

Ensuite, en tenant compte de l'importance numérique des écoles coraniques, elle a essayé leur récupération ; les considérant comme une force morale avec laquelle il fallait compter, qu'il fallait canaliser et diriger à son profit.

L'école coranique, pour sa part, se présente comme un système éducatif qui n'a rien de rigidement administratif.

À l'opposé de l'école traditionnelle, elle fait intervenir des professionnels de l'enseignement, elle a recours à l'écriture et tend à devenir une institution à part entière.

Elle se présente comme une structure offrant une éducation globale et intégrée incluant une formation morale.

Les études s'y déroulent en cinq niveaux.

Un premier cycle d'un an, durant lequel l'enfant apprend les sourates (5 à 15 sourates ou plus) et les rites utiles à la prière.

Il s'initie à la graphie des caractères arabes, recopie sans comprendre, obéit à une discipline rude.

L'âge d'admission fixé à 7 ans est ramené à 5 ans à cause de l'entrée dans les écoles européennes.

La plupart des filles s'arrêtent à un cycle jugé suffisant pour être de bonnes musulmanes.

Durant le deuxième cycle, l'enfant apprend par cœur la totalité du texte du coran.

Il écrit et parle l'arabe sans vraiment le comprendre.

Mais l'association graphisme-son est acquis.

Le troisième cycle porte, pour l'essentiel, sur la traduction du coran.

L'accent est porté sur la signification du texte et une première initiation à la civilisation arabe.

L'élève à ce stade de formation est un adulte, souvent marié, pourvu d'un emploi.

Les cours sont dispensés sur rendez-vous à la convenance des deux intéressés.

Le quatrième cycle s'organise autour de l'étude du coran. Il concerne aussi les textes satellites du coran.

Les Hadith et les Kitab respectivement propos du prophète Mahomet non contenus dans le coran, et récits de ses faits et gestes ainsi que l'ensemble de commentaires linguistiques, théologiques et juridiques qui ont été fait sur le coran.

L'étudiant parle, lit, écrit et a un certain niveau de compréhension de l'arabe.

Le cinquième et dernier cycle implique un départ vers les pays arabes pour permettre un contact direct avec la civilisation arabe.

La formation peut avoir un complément laïc dans les écoles techniques ou commerciales.

De retour au pays, le lettré peut, s'il le souhaite, devenir un marabout de renom (enseignant du coran) ou, s'il a fait une formation technique, s'intégrer dans le système moderne.

À la fin du 19e siècle et par la suite, les écoles coraniques s'arrêtent au deuxième cycle.

Ce qui permet à l'administration coloniale de stigmatiser l'ignorance des élèves et des marabouts.

Seulement 1 % des élèves sont capables de traduire le coran en une langue courante même si certains marabouts au nord du pays ont une connaissance de l'arabe relativement poussée.

À l'arrivée des colonisateurs, il existe donc sur le territoire de la Côte d'Ivoire, une forme d'éducation qui permet aux populations jeunes et adultes d'acquérir un savoir par l'éducation traditionnelle ou par les écoles coraniques.

Une nouvelle forme d'éducation sera introduite dans le pays par le colon.

Elle sera la base du système éducatif moderne et verra ses fondements posés en majeure partie par les missionnaires catholiques.

Les premières écoles catholiques

Arthur Verdier tente une expérience éducative.

Souhaitant alphabétiser les femmes employées dans ses plantations de café, il crée, à Elima, dans le sud du pays, la première école.

Le 8 août 1887, Fritz Emile Jeand'heur, en provenance d'Algérie et premier instituteur exerçant sur le territoire, ouvre une école primaire à Krinjabo.

Celle-ci est rendue officielle et structurée comme en France, du cours préparatoire première année au cours moyen deuxième année.

Elle fonctionnera pendant trois ans avant d'être transférée en 1890 à Assinie par Marcel Treich-Laplène, le nouveau résident de France.

Le 1er février 1893, le premier rapport d'inspection de l'administration affirme avec une pointe de satisfaction que l'école fonctionne régulièrement.

Elle compte 35 élèves inscrits. Ils sont, en Côte d'Ivoire, les premiers lecteurs africains en langue française.

De 1893 à 1896, Binger, le premier Gouverneur de la colonie développe quelques écoles laïques tenues par des instituteurs français et des moniteurs locaux.

Cependant, dès 1637, les premières missions catholiques s'étaient signalées sur le territoire mais sans grand succès.

Elles avaient repris un demi-siècle plus tard, puis en 1842-1845, avaient échoué à nouveau, en raison de mortalité accrues.

En définitive, les missions catholiques ne prennent véritablement pied sur le territoire qu'après la bataille d'occupation en 1893 et l'érection de la Côte d'Ivoire en Colonie Française.

Aussi, pour organiser l'enseignement en Côte d'Ivoire, Binger fait-il appel à la Société missionnaire africaine de Lyon (SMAL) à laquelle Rome avait confié la préfecture apostolique de Côte d'Ivoire.

Cette démarche s'appuie, sur le plan technique, sur l'indéniable sens de l'organisation de la SMAL en matière d'enseignement mais aussi sur la nécessité de débarrasser l'Administration d'un lourd fardeau financier car les missionnaires sont bon marché, moins exigeants et rentrent moins en France.

Sur le plan stratégique, l'Administration coloniale affirme sa préférence en faveur de l'enseignement catholique pour contrer l'influence de l'Islam mais, surtout, repousser l'influence anglaise admise par les protestants qui se signalent en matière d'éducation à travers quelques communautés originaires du Libéria et de la Gold-Coast et installées tant à Grand-Bassam, Jacqueville qu'à Grand-Lahou.

Celles-ci organisent des Sunday-School où, tous les dimanches, des enfants apprennent à lire.

Cette initiative est déjà plus élaborée que les expériences de scolarisation réalisées sur les plantations de Arthur Verdier ou encore celles, assez marginales et peu organisées, d'instituteurs laïcs de Grand-Bassam, Moossou ou Jacqueville.

Elle constitue de ce fait, aux yeux de l'Administration coloniale, une menace à l'influence française.

En janvier 1895, les pionniers de l'éducation catholique débarquent à Grand-Bassam et commencent à enseigner.

En 1896, l'on enregistre l'arrivée d'un nouveau Préfet Apostolique de la Côte d'Ivoire, le Révérend Père Ray, et celle de nouveaux missionnaires.

Aussitôt s'ouvre une école à Dabou.

Les missionnaires s'implantent à Bonoua et Assinie en 1897 et, en 1898, à Jacqueville, tandis que des sœurs de la SMAL, prennent en charge l'enseignement des filles qui n'était pas une priorité pour l'Administration.

Une convention signée avec l'Administration coloniale assure protection et salaires aux missionnaires.

Les ouvertures d'écoles se multiplient.

D'autres écoles de village sont créées à Jacqueville, Grand-Bassam, Moossou, Tabou,

Bettié, localités toutes situées sur le littoral du Golfe de Guinée.

Elles fonctionnent avec des maîtres d'écoles occasionnels et regroupent environ 200 élèves en 1895.

Les missionnaires catholiques agissaient dans les colonies sous la supervision de leur hiérarchie qui coordonnait les activités à travers le monde.

Des conventions définissaient les rapports entre les missionnaires avec les forces en présence.

Elles indiquaient les devoirs des missions catholiques qui étaient globalement chargées d'introduire la foi et non leurs pays.

Elles engageaient les États à protéger les missionnaires qui avaient par ailleurs obligation d'enseigner exclusivement dans la langue officielle du colonisateur.

L'émergence des écoles laïques

Le 12 février 1900, une nouvelle convention entre l'Administration et les missions catholiques accroit l'allocation mensuelle pour une école créée, la faisant passer de 150 francs à 285 francs.

Cette convention établit qu'en retour, l'administration aura un droit de contrôle sur l'œuvre des missionnaires.

Des enseignants autochtones sont, à la même époque, introduits dans le système.

Mais, le 18 avril 1903, la convention est mise en cause par la Métropole et en 1904, les subventions allouées aux missionnaires suspendues tandis qu'en France même, les écoles tenues par les religieux ferment, provoquant une grande inquiétude dans les colonies.

Le 1er mars 1904, la Côte d'Ivoire compte alors 896 élèves pour une population à peine supérieure à 2 millions d'habitants.

Mais la mesure prise par la métropole n'atteint pas dans un premier temps les colonies.

Ce qui explique qu'en 1904-1906, les écoles missionnaires d'Abidjan et Bingerville, (qui est devenue la capitale du pays en 1904) sont créées.

Elles sont fermées en 1906.

En 1907, la fermeture des écoles missionnaires d'Aboisso, Dabou, Korhogo et des annexes de Jacqueville a été confirmée.

Même si les missionnaires perçoivent la décision de l'Administration comme un allègement de leurs tâches et une opportunité pour mieux se consacrer à l'œuvre d'évangélisation, ils tentent malgré tout de maintenir encore en fonctionnement quelques écoles ; mais celles-ci seront confinées dans une quasi-clandestinité et contraintes à la décrépitude.

En 1911, la Côte d'Ivoire compte un groupe scolaire central à Bingerville, 16 écoles régionales et 26 écoles de village dont 2 pour tout le Nord du pays, à Odienné et à Korhogo.

En 1914, seules trois écoles missionnaires fonctionnent encore et en 1916, plus qu'une seule officiellement existe.

L'Administration en profite pour ouvrir ses propres écoles publiques et laïques qui remplacent presque partout les écoles missionnaires.

En 1915, l'ensemble des établissements scolaires en Côte d'Ivoire accueille 3317 élèves encadrés par un corps enseignant qui, outre les étrangers, comporte 17 instituteurs ivoiriens et 50 moniteurs ivoiriens.

Après la guerre de 1914-1918, l'attitude de la Métropole se modifie vis-à-vis de l'enseignement confessionnel catholique.

Ce changement s'explique par, d'une part, l'union sacrée obtenue en France avec la trêve dans la lutte entre partis politiques, d'autre part, la révolution russe de 1917 qui met en évidence le communisme comme ennemi commun de l'Administration et de l'Église, car il lutte contre la colonisation et propage l'athéisme, estimant que la religion est l'opium du peuple.

Or il faut contrer l'influence des Anglais.

Mais il y a également le décret du 14 février 1922, qui autorise l'enseignement privé pourvu qu'il s'aligne sur les objectifs de l'enseignement officiel.

Dès lors, un renouveau de l'église catholique est noté et à partir de 1923, l'on enregistre une réelle progression des écoles catholiques.

Ceci n'empêche cependant pas dans la période 1913-1944, le retour et l'expansion des missions protestantes appuyées, elles, sur le décret du 22 février 1922.

En 1924, le pays compte 4354 élèves dont 211 filles et en 1932, 6722 élèves dont 627 filles sont scolarisées.

Jusqu'au début des années 50, il n'existe pas d'école secondaire dans la colonie.

Les premiers élèves ivoiriens scolarisés dans un lycée le seront en France dans le cadre d'une opération groupée, initiée par Félix Houphouët-Boigny, alors député du PDCI-RDA élu en novembre 1945 à l'Assemblée constituante, et menée à bien avec l'appui du gouverneur André Latrille en dépit des fortes réticences de l'administration coloniale.

Le système éducatif ivoirien

Politique de l'éducation

La politique de l'éducation en Côte d'Ivoire est conduite à travers différents ministères.

Chaque ordre d'enseignement correspond plus ou moins à un ministère autonome.

L'enseignement supérieur est géré par le Ministère de l'enseignement supérieur et de la recherche scientifique, l'enseignement primaire et secondaire est du ressort du Ministère de l'éducation nationale, les formations techniques et professionnelles relèvent en majeures parties du Ministère de l'enseignement technique bien que certaines filières de formation professionnelle soient gérées par différents autres ministères techniques (Ministère de l'Agriculture, Ministère de la fonction publique, ministère des Eaux et Forêts…).

Dès l'indépendance du pays en 1960, les pouvoirs publics ivoiriens ont placé l'éducation nationale au rang des priorités et affichés leur volonté politique de scolariser à 100 % les enfants du pays.

Pour ce faire, ils ont réservé chaque année, environ 44 % du budget national à l'enseignement.

La Constitution Ivoirienne du 1er août 2000, confirme cette option volontariste et consacre désormais l'obligation de l'État d'assurer un égal accès à l'éducation à tous les enfants du pays.

Dans cette perspective, la gratuité de l'école depuis la classe de CP1 jusqu'à celle de 3e a été institutionnalisée.

Les livres scolaires sont données gratuitement par les instituteurs à leurs apprenants pour le primaire et les frais d'inscriptions vont de 5000 à 11 000 francs pour le secondaire.

Par contre, le port de l'uniforme scolaire est obligatoire.

La politique de fourniture gratuite de matériels didactiques aux élèves, déjà en cours au début des indépendances avant d'être abandonnée, a été redémarrée durant l'année scolaire 2001-2002 ;

Elle a été cependant, fortement perturbée par la crise ivoirienne depuis 2002.

L'État ivoirien prévoit en outre de prolonger son action à travers les collectivités décentralisées (Conseils régionaux, Conseils généraux, Conseils municipaux) auxquels ont été transférés des prérogatives ainsi que des moyens de construction et d'entretien d'établissements d'enseignement publics.

L'ensemble du système éducatif ivoirien est géré par des cadres nationaux.

De même, le matériel didactique des écoles primaires ainsi que les manuels scolaires des Lycées et Collèges sont conçus et produits sur place.

À cela s'ajoute un engouement de nombreuses communautés villageoises locales pour la construction d'écoles primaires et la scolarisation des enfants.

En outre, des cantines scolaires soulagent les enfants dont les résidences sont éloignées des écoles.

Dans les régions peu scolarisées du Nord et du Nord-Est du pays, il a été organisé des Comités pour la promotion de l'éducation de base (COPEB) dont la vocation est d'assurer la sensibilisation des parents pour la scolarisation de tous les enfants, y compris les petites filles.

Les COPEB contribuent au maintien à l'école des filles. Ces comités œuvrent également à la mobilisation des populations villageoises pour la gestion et à la réhabilitation des édifices scolaires. Ils favorisent la création de coopératives agricoles pour générer des produits alimentaires autour de l'école et des ressources financières permettant de soutenir les cantines scolaires ainsi que les activités liées à la vie de l'école.

Le pays a également opté pour un brassage des populations par l'école afin de consolider par ce moyen la nation ivoirienne.

Dans cette même perspective et pour accélérer la diffusion des connaissances dans le pays, les pouvoirs publics ivoiriens ont introduit dans les années 1970 la télévision éducative dans l'enseignement primaire.

À partir d'un centre de réalisation basé à Bouaké, des émissions éducatives animées par des télémaîtres étaient diffusées jusque dans les plus petits hameaux du pays.

De nombreux griefs portés par les parents d'élèves contre cette innovation ainsi que son coût assez élevé, ont contraint les responsables ivoiriens à abandonner ce projet au début des années 1980.

Les besoins éducatifs croissants du pays ont amené l'État ivoirien à se tourner vers le secteur privé dans le cadre d'un partenariat défini par la loi (la loi sur l'enseignement de 1995).

Dans les établissements privés sélectionnés par l'État, celui-ci apporte une subvention qui varie de 25000 CFA à 40000 F CFA par enfant pris en charge par l'assistance publique dans les cycles préscolaires et primaires.

Elle est de 120 000 F CFA par enfant pris en charge par l'État dans les établissements d'enseignement secondaire privés confessionnels ou laïcs.

Cycle primaire

Le système éducatif ivoirien intègre aux cycles habituels du primaire, du secondaire et du supérieur, un niveau préscolaire couvrant trois sections (petite section, moyenne section et grande section).

Avant la crise politico-militaire, 391 écoles maternelles, aussi bien privées que publiques, fonctionnent sur toute l'étendue du territoire.

En 2005, sur la seule zone contrôlée par les forces républicaines, il est enregistré 600 écoles maternelles animées par 2 109 enseignants qui encadrent 41 556 élèves.

Le cycle primaire comprend six niveaux (cours préparatoires 1e et 2e année, Cours élémentaire 1e année, Cours élémentaire 2e année, cours moyen 1e année, cours moyen 2e année) ; il est sanctionné par le Certificat d'études primaires élémentaires (CEPE) et un concours d'entrée en classe de 6e des lycées et collèges.

En 2001, le ministère de l'Éducation nationale compte 8 050 écoles primaires publiques tenues par 43 562 enseignants pour 1 872 856 élèves et 925 écoles privées qui emploient 7 406 enseignants pour la formation de 240 980 élèves.

En 2005, l'on dénombre 6 519 écoles primaires dont 86,8 % sont publiques, avec 38 116 enseignants et 1 661 901 élèves.

En Côte d'Ivoire, 55 % de la population de 6 à 17 ans et 61 % des filles de ce groupe d'âge sont en dehors de l'école.

Le faible taux de scolarisation des filles conduit l'État à développer, dans les années 1990, une politique spécifique pour la scolarisation de la jeune fille.

En mars 1993, en collaboration avec le ministère de l'Éducation nationale, la Banque africaine de développement met en place un projet dit Projet BAD Éducation pour améliorer la qualité de l'enseignement, accroître le taux de scolarisation en général et celui des filles en particulier.

Cycle secondaire

En ce qui concerne l'enseignement secondaire subdivisé en deux cycles, il comprend quatre classes pour le premier cycle et trois pour le second.

Ce niveau d'enseignement est caractérisé par une nette domination du privé. En 2005, sur les 522 établissements secondaires que compte le pays, 370 appartiennent au secteur privé.

Le ministère ivoirien de l'Éducation nationale enregistre au total un effectif de 660 152 élèves pour 19 892 enseignants en 2005, secteurs privé et public confondus, contre 682 461 élèves pour 22 536 enseignants en 2001-2002, avant le déclenchement de la guerre.

Le taux de scolarisation au secondaire ivoirien est de 20 %.

Les études secondaires sont sanctionnées pour le premier cycle par le Brevet d'études du premier cycle (BEPC) et pour le second par le Baccalauréat (BAC).

Enseignement supérieur

Avant 1992, l'enseignement supérieur est presque entièrement l'affaire de l'État, avec 24 % de taux de scolarisation.

Depuis quelques années, plusieurs universités et grandes écoles de formation technique privées ont vu le jour.

En 1997-1998, l'enseignement supérieur compte trois universités publiques, quatre grandes écoles publiques, 7 universités privées, 47 établissements privés, et 31 établissements supérieurs de formation post-baccalauréat rattachés à des ministères techniques autres que celui de l'enseignement supérieur.

En 2012, une évaluation de ces établissements privés comptait 38 universités privées et 148 établissements post-bac, de qualité très inégale.

Aujourd'hui en 2016, la Côte d'Ivoire compte 5 Universités Publiques.

Enseignement technique et professionnel

Au cours des années 1960, l'État ivoirien crée plusieurs établissements techniques d'enseignement secondaire et supérieur, pour assurer la formation de cadres spécialisés.

En 1970, l'ouverture de l'Institut national supérieur de l'enseignement technique (INSET) et plus tard de l'École nationale supérieure des travaux publics (ENSTP) à Yamoussoukro permet de former sur place des techniciens de niveau supérieur.

Aujourd'hui, ces écoles sont regroupées et forment l'Institut national polytechnique Félix Houphouët-Boigny (INPHB).

Un grand nombre d'établissements d'enseignement technique et professionnel privés sont implantés sur l'ensemble du territoire.

La question de la compétence et du niveau de qualification des enseignants chargés de la formation et de l'encadrement des élèves fréquentant ces écoles privées s'est maintes fois posée.

Il y a lieu toutefois de relever qu'elles apportent un soutien indispensable à l'État, les équipements publics en matière d'éducation étant à l'heure actuelle insuffisants et parfois inadaptés pour la couverture totale des besoins.

Une loi votée en 1995 réglemente le secteur de l'enseignement supérieur privé et institue des mesures en vue de renforcer les établissements concernés.

Les réformes touchent certaines structures existantes comme l'Institut pédagogique national de l'enseignement technique et professionnel (IPNETP), l'École normale supérieure (ENS), l'Agence nationale de la formation professionnelle (AGEFOP) et le Fonds de développement de la formation professionnelle (FDFP).

En 2004-2005, le nombre d'établissements de l'enseignement supérieur et de la recherche scientifique est de 149 avec 146 490 étudiants, dont 35 % de filles.

Ces établissements, dont les installations sont devenues vétustes, ont toutefois une capacité d'accueil limitée, eu égard au nombre d'étudiants.

L'école ivoirienne connaît des remous récurrents depuis 1990.

Les tentatives d'explication des crises qui affectent l'enseignement se réfèrent à la vétusté des infrastructures et équipements, à l'insuffisance de l'effectif des enseignants, mais également à la formation jugée inadaptée au marché de l'emploi.

Le nombre de jeunes sans formation et sans emploi est évalué en 2008 à plus de 4 millions.

Pour résoudre ce problème crucial de l'emploi des jeunes, plusieurs pistes sont explorées par les pouvoirs publics : la création d'emplois, ou l'exhortation à la libre entreprise.

Adapter le système éducatif aux contraintes du marché de l'emploi, mais également former des formateurs capables d'assurer la relève du corps enseignant, constituent des objectifs à court terme pour la politique de l'éducation en Côte d'Ivoire.

Santé

La Côte d'Ivoire dispose au plan infrastructurel d'une couverture sanitaire relativement importante en comparaison aux pays de la sous-région de l'Afrique de l'Ouest.

Toutefois, seules deux régions administratives (sur les dix-neuf que compte le pays) possèdent des centres hospitaliers universitaires (CHU).

Il s'agit des CHU de Cocody, Treichville et de Yopougon à Abidjan (Région des Lagunes) et du CHU de Bouaké (Région de la Vallée du Bandama).

Les autres régions sont dotées de centres hospitaliers régionaux (CHR) tandis que, dans les autres agglomérations, sont installés des centres de santé soit urbains, soit ruraux dans les cas des communautés villageoises.

À ceux-ci s'ajoutent des formations spécifiques dont les plus connues sont les hôpitaux militaires de Bouaké et d'Abidjan, l'hôpital des fonctionnaires au cœur du Plateau, les léproseries de Manikro (Bouaké), de Daloa et Man et l'hôpital psychiatrique de Bingerville.

Ces formations sanitaires publiques, qui sont appuyées par un faisceau assez diversifié d'hôpitaux et de cliniques privées, sont cependant confrontées à de sérieux problèmes s'agissant du matériel médical, mais également des effectifs qui restent encore faibles : un médecin pour 9 908 habitants, un infirmier pour 2 416 habitants, une sage-femme pour 2 118 femmes en âge de procréation.

Chaque année de nouveaux cadres supérieurs de la santé formés dans les universités de Bouaké et d'Abidjan et de nouveaux agents de santé issus des Instituts de formation des agents de la santé (INFAS) sont mis à la disposition des formations sanitaires du pays. Pourtant, la situation sanitaire du pays est jugée préoccupante et l'accès aux soins de santé difficile.

Impact de la crise

La pauvreté s'est aggravée depuis 1999 avec le début des crises politico-militaires.

Cette situation a un impact négatif sur la santé des populations : le nombre de malades s'est accru, passant de 17 242 en 2001 à 19 944 en 2005.

La situation épidémiologique est caractérisée par une prépondérance des maladies infectieuses, à l'origine d'un taux de morbidité de plus de 50 à 60 % et d'un taux élevé de mortalité estimé à 14,2 pour 1 000 ; ce sont essentiellement l'infection à VIH/SIDA, la tuberculose et le paludisme.

La première cause de consultation chez les adultes et de décès chez les enfants de moins de 5 ans demeure le paludisme.

Les efforts engagés par l'État depuis 1996 dans le cadre du programme national sanitaire, visant à améliorer la santé des populations pour l'adéquation entre l'offre et la demande des services de santé, ont été annulés par la guerre ; et, du fait de la guerre, les ressources de l'État ont diminué, limitant celles allouées à la santé à seulement 7 % du budget national.

La couverture vaccinale reste cependant bonne et a permis l'éradication de plusieurs maladies endémiques.

La situation reste par contre assez alarmante s'agissant des IST et MST pour lesquelles la frange de la population la plus touchée est féminine.

Il a été observé que 7 % de la population ivoirienne était infectée en 2003, soit 570 000 personnes vivant avec le VIH, pour 47 000 décès par an.

Le coût des soins de santé et des médicaments, l'absence ou la vétusté du matériel médical et parfois le déficit en personnels soignants, conduisent les populations pauvres vers les thérapies naturelles et la médecine traditionnelle axée sur les plantes.

Ces mêmes raisons expliquent le phénomène de plus en plus inquiétant des pharmacies de rue, constituées par des vendeurs ambulants de médicaments souvent prohibés.

Le taux de croissance de la population est estimé en 2008 à 1,96 %, celui des naissances à 34,26 pour 1 000, le taux de décès à 14,65 pour 1 000 et l'espérance de vie à 49,18 ans, dont 46,63 ans pour les hommes et 51,82 ans pour les femmes.

Conflits fonciers, habitat et environnement

La forte poussée démographique dans les zones forestières, propices au développement des cultures d'exportation que constituent le café et le cacao, n'est pas sans conséquence sur l'évolution des zones d'accueil.

Le couvert forestier et les terres arables connaissent une réduction rapide et importante, due à l'exploitation massive.

La pression s'accroît inévitablement autour des terres disponibles, entraînant des conflits entre autochtones et allogènes issus d'autres régions du pays, mais également entre autochtones et étrangers.

Plusieurs régions du pays sont concernées par ces conflits, qui mettent souvent à mal la cohésion sociale.

Ils font, dans la quasi-totalité des cas, l'objet de résolution pacifique, grâce à l'implication des autorités administratives, politiques et coutumières.

Dans ces mêmes zones, la forêt est l'une des principales victimes de la croissance démographique du pays.

Elle subit des agressions multiples dues à la mutation du mode de production agricole évoluant d'une agriculture de subsistance vers des cultures commerciales ou pérennes, dévoreuses de terres et d'arbres, mais également défavorables à la biodiversité.

Le surpeuplement des zones urbaines dû aux migrations de populations, affecte également l'environnement dans les villes.

Les actions des autorités décentralisées se révèlent inefficaces face aux problèmes liés à l'hygiène et la salubrité publiques en zone urbaine.

Abidjan, capitale économique du pays, croule sous le poids des ordures ménagères et doit faire face à une pollution de l'air et des eaux lagunaires.

Un ministère chargé de la salubrité et de la ville a été spécialement créé en avril 2007, pour aider à la résolution de ce problème qui se pose dans un contexte de déficit de logements.

Dans les grandes agglomérations urbaines, l'offre d'habitats à loyers modérés demeure nettement en deçà des besoins exprimés.

La situation précaire de nombreux immigrés, la guerre et l'exode des populations fuyant les zones de conflits ont conduit à la prolifération des bidonvilles, caractérisés par des habitats insalubres notamment à Abidjan et dans sa banlieue.

Religion

Selon plusieurs estimations, l'islam est pratiqué par 37,5 % de la population, le christianisme par 44,1 %, les religions traditionnelles par 10 %, et 8 % sont sans religion spécifiée.

Les chrétiens ivoiriens sont constitués aux deux tiers par des catholiques, et un tiers par des protestants.

Les missionnaires catholiques sont arrivés à la fin du 19e siècle grâce à la Société des missions africaines de Lyon.

La préfecture apostolique de Côte d'Ivoire a été érigée en 1895.

Aujourd'hui le pays est subdivisé en 4 archidiocèses (dont le plus important est l'archidiocèse d'Abidjan) et en 12 diocèses.

Le christianisme et l'islam sont pratiqués dans une variété de formes dans tout le pays.

Les missionnaires chrétiens sont arrivés sur le littoral ivoirien au 17e siècle, mais le catholicisme a commencé à s'implanter à la fin du 19e siècle. Les fêtes chrétiennes et les célébrations musulmanes sont librement organisées par les fidèles de ces religions et reconnues par tous.

La tolérance est l'attitude générale envers la pratique de la religion et les communautés religieuses coexistent en général pacifiquement.

Cette tolérance religieuse fait également partie de la pratique des pouvoirs publics.

La Côte d'Ivoire est certes un État laïc, mais des fonctionnaires sont souvent désignés pour représenter l'État à des cérémonies religieuses et certaines écoles confessionnelles reçoivent des aides financières de l'État.

Culture ivoirienne

La littérature

La Côte d'Ivoire présente une littérature abondante, riche de sa diversité de style et de ses proverbes, soutenue par des infrastructures éditoriales relativement solides et des auteurs de différentes notoriétés.

Les plus célèbres de ces auteurs sont : Bernard Dadié, journaliste, conteur, dramaturge, romancier et poète qui domine la littérature ivoirienne dès les années 1940 ; Aké Loba ; Ahmadou Kourouma qui a obtenu le Prix du Livre Inter en 1998.

À ceux-ci s'ajoute une deuxième génération d'auteurs de plus en plus lus dont Véronique Tadjo, Tanella Boni, Isaie Biton Koulibaly, Maurice Bandaman, Camara Nangala

Sports, médias, loisirs et arts du spectacle

De nombreuses disciplines sportives sont pratiquées dans le pays. Des possibilités diverses de pratique de golf existent avec les terrains de golf d'Abidjan, de Yamoussoukro et de San-Pédro qui offrent quatre parcours de 9 à 18 trous.

Chaque année un open international doté du prix Félix Houphouët-Boigny est organisé et enregistre des participants de notoriété.

Les plans d'eaux lagunaires et la mer offrent aussi de véritables possibilités sportives dont notamment la pêche sportive, la plongée et la chasse sous-marine, le surf, la voile, la planche à voile, le canoë-kayak ou encore le beach-volley.

L'équitation ainsi que les sports mécaniques (rallye du Bandama, moto-cross) sont également pratiqués dans le pays.

Le handball, le basket-ball, le volley-ball, le rugby, l'athlétisme et le tennis figurent parmi les disciplines sportives également pratiquées en Côte d'Ivoire.

Cependant, le football reste le sport roi en Côte d'Ivoire. Il attire de nombreuses foules et déchaîne des passions. Ce sport populaire jusque dans les contrées les plus profondes du pays est largement pratiqué.

Chaque ville et même chaque quartier organise ses propres tournois de maracana (Il faut souligner au passage que la Côte d'Ivoire a une équipe nationale de Maracana qui a été championne à la Coupe d'Afrique des Nations de Maracana en 2012 et 2013).

La Fédération ivoirienne de football organise et encadre la discipline dominée à l'échelon national par les équipes de l'Africa Sports National et l'ASEC Mimosas dans le temps.

Mais depuis deux ans, le Séwé Sport de San Pédro règne sur le championnat national.

De nombreux footballeurs évoluent hors du pays dans des formations sportives prestigieuses.

Ils sont pour la plupart, sélectionnés dans l'équipe nationale (les Éléphants) lors des compétitions sportives internationales.

Autrefois emmenés par des joueurs comme Ben Badi, Gadji Celi et Alain Gouaméné, les Éléphants connaissent également un franc succès avec la génération Didier Drogba qui a notamment été la première à avoir été qualifiée pour la Coupe du monde de football de la FIFA en 2006.

Le paysage médiatique est animé par les organes audiovisuels, la presse écrite, les organes de régulation de la profession, en l'occurrence la Commission nationale de la presse remplacée en 2004 par le conseil national de la presse (CNP) et le Conseil national de la communication audiovisuelle (CNCA) et un organe d'autorégulation : l'Observatoire de la liberté de la presse, l'éthique et de la déontologie (OLPED).

Depuis 1991, les médias en Côte d'Ivoire sont régis par la loi.

La Radiodiffusion-Télévision ivoirienne (RTI) est l'organisme de diffusion radiophonique et audiovisuel de l'État ivoirien.

Elle est financée par la redevance, la publicité et des subventions. Elle comporte deux chaînes de télévision et deux stations de radio : La Première, généraliste ; TV2, thématique dédiée au divertissement en majorité et émettant dans un rayon limité à 200 km autour d'Abidjan ; Radio Côte d'Ivoire, généraliste ; Fréquence 2, chaîne de divertissement.

Des journaux de diverses audiences paraissent également principalement à Abidjan. Hormis les journaux du Groupe Fraternité Matin (Presse d'État, 25 000 exemplaires, quotidien), la quinzaine d'autres titres est détenue par des entreprises privées.

Musique ivoirienne

La musique ivoirienne comporte plusieurs courants. Les précurseurs, les moins traditionalistes et les courants modernes.

Elle intègre également de nombreuses danses et folklores propres à chacun des groupes ethniques.

Les courants peuvent se répartir entre les précurseurs (Ziglibithy, Gbégbé, Lékiné...), ceux de seconde génération (Zouglou, Zoblazo, Mapouka, Youssoumba...) et les courants modernes (Coupé-décalé).

Elle intègre également de nombreuses danses.

Les animateurs des courants précurseurs sont, pour les plus connus : Amédée Pierre, roi du Dopé (nom bété du rossignol), Allah Thérèse, Tima Gbahi, Guéi Jean, Zakry Noël, n-zi (r&b).

Les moins traditionalistes sont Anouman Brou Félix, Mamadou Doumbia, François Lougah, Ernesto Djédjé et Justin Stanislas.

Une vague d'artistes modernes peut être citée.

Il s'agit pour le reggae : Alpha Blondy, Tiken Jah, Ismaël Isaac, Serges Kassi, Fadal Dey ; pour le zouglou : Serges Bilé, Yodé et l'enfant siro, Magic System, Soum Bill, Espoir 2000 ; pour la musique mandingue : Aïcha Koné, Mawa Traoré, Kandet Kantet, Affou Kéïta ; pour la musique des Disc-Jockeys : Douk Saga, JetSet, DJ Arafat, Debordeaux Leekunfa, DJ Lewis, Don Mike le Gourou, DJ Jacob et bien d'autres; pour les variétés : Meiway, Les Reines-Mères, Bailly Spinto, Johnny La Fleur, Luckson Padaud,

Betika, Affo Love, Mathey, Tiane, Nigui Saff K-Dance, Sothéka, Alain de Marie, Joëlle-C ; pour le jazz : Luc Sigui, Paco Sery, et Isaac Kemo saxophoniste talentueux ; pour la musique religieuse : Schékina, O'Nel Mala, Pasteur Adjéi, Constance, les frères Coulibaly ; pour la musique sentimentale : Daouda, Frost…

RTI Music Awards récompense les meilleurs artistes ivoiriens et africains de l'année.

Ce trophée est décerné par la RTI.

Faya Flow est le plus grand concours de hip hop de Côte d'Ivoire. Il est organisé depuis 2005 par l'association Jeunesse Active de la Culture Hip hop. Consacrant l'usage de la parole, du corps, et de la scène ; notamment à travers les chants et textes poétiques, la danse et la chorégraphie, ce concours révèle le potentiel artistique des talents en herbe qui sont par la suite récompensés et encouragés.

Les danses

Il faut noter que la diversité des peuples et ethnies de Côte d'Ivoire lui ont valu toute une variété de danses : les danses extrêmement viriles exigeant des danseurs des aptitudes physiques indéniables tels que le Zaglobi bété, le Zamblé et le Zahouri gouro… ; les danses acrobatiques telles celles des échassiers yacouba, la danse du couteau wobè, le Boloï sénoufo… ; les danses harmonieuses et rythmées comme le Zahouli gouro, le Kotou baoulé, le tèmaté yacouba, les danses accompagnées par balafon… ; la danse caractéristique de la région côtière qu'appuie une fanfare et qui a su adapter les instruments étrangers aux rythmes africains ; le ziguidi bété, une danse guerrière qui mine les gestes de la guerre et dansée à l'occasion de la mort d'un grand guerrier ou d'un grand chasseur ; le Maïeto bété exécuté à l'occasion du décès d'une femme en couches, tandis que les hommes sont chassés du village et sont tenus d'exécuter les travaux ménagers traditionnellement dévolus aux femmes ; l'adjanon baoulé, une danse exécutée lors des grandes calamités (épidémie, guerre...) en vue de conjurer le mauvais sort.

Certaines de ces danses sont dites sacrées et exécutées pendant les cérémonies rituelles.

C'est le cas chez les Agni, les adioukrou, les abidji...

Cuisine ivoirienne

La cuisine ivoirienne est issue des différents plats provenant de tous les groupes ethniques qui vivent dans le pays. Elle est en général très pimentée. La contribution de l'immigration joue également un rôle dans la conception de la cuisine ivoirienne.

Les sauces

Sauce Graine ;

Sauce Claire ;

Sauce Gombo ;

Sauce arachide et Kédjénou : ragout de volaille ou d'escargot par cuisson à l'etouffée ;

Kplala ou kwlala : à base de feuilles de corète potagère ;

Zaho : plat en sauce avec de la viande d'agouti (ouest de la Côte d'Ivoire) ;

Gouagouassou : la viande et diverses poissons cuits avec une sauce de légumes (aubergine, gombo), généralement servi avec du riz ou du foutou. En baoulé, gouagouassou signifie littéralement met dessus ;

Siôk ;

Mafé (d'origine sénégalaise) ;

Djoumgblé ;

Sauce n'tro ;

Akpi ;

Tikliti ;

Arachide ;

Sauce feuille ;

Sauce gnangnan ;

Biékosseu (plat à base d'aubergines) ;

Les épinards ;

Soupes de (pintades, biches, mouton poulet, escargots crabes, cabri, machoirons...).

Les accompagnements

Attiéké : l'attiéké est une semoule de Manioc ;

Alloco : l'alloco est un plat de frites de banane plantain mûres ;

Cococha : Pâte de bananes plantains mûres (de couleur jaune) obtenue par broyage dans un mortier en bois ;

Attoukpou ;

Foutou ;

Riz gras, aussi surnommé le tchep ivoirien ;

Riz couché ;

Placali ;

Toh (pâte à base de farine de maïs) ;

Foutou banane ;

Foufou (pâte de bananes plantains mélangée avec obtenue par broyage dans un mortier en bois) ;

Igname bouillie ;

Banane bouillie

Foutou igname ;

Kabato (originaire du nord de la Côte d'Ivoire), à base de semoule de maïs, qui accompagne les sauces ;

Attiéké et huile rouge (huile de palme) ;

Les desserts et boissons

La cuisine ivoirienne ne comporte pratiquement pas de desserts (les rares proviennent des pays voisins et sont arrivés avec les travailleurs immigrés) et les repas souvent caloriques ne les rendent pas nécessaires.

Par contre elle comporte une grande variété de boissons souvent aussi venus des pays voisins.

Bissap (d'origine mandingue) ;

Gnamankoudji : jus de gingembre (d'origine mandingue) ;

Dèguè (d'origine mandingue) ;

Baka : bouillie de riz (d'origine mandingue) ;

Bouillie de mil (d'origine mandingue) ;

Jus de baobab (d'origine sénégalaise) ;

Tomydji: infusion de tamarin ;

Akpè ;

Tchapalo : bière de maïs épicée ;

Kindjouss ;

Bandji ou vin de palme ;

Koutoukou (Bandji et jus d'ananas distillés) ;

Jus de passion : extrait du fruit de la passion ;

Groto (du jus fait sur du bois dans une boite) ;

Gâteau au coco ;

Yommi : beignet de mil ;

Tratra ;

Gâteau maca ;

Gâteau au sucre ;

Gbofloto (beignet) ;

Coco taillé.

Cinéma ivoirien

Le cinéma ivoirien englobe les films et l'ensemble de la filière cinématographique en Côte d'Ivoire.

Depuis l'avènement du numérique en 2004, de nouveaux films sont créés régulièrement.

On compte actuellement la sortie d'un film tous les trois mois en moyenne.

Le cinéma ivoirien souffre cependant d'un manque criant de professionnalisme, tandis qu'il est particulièrement difficile pour les producteurs ivoiriens de trouver un financement décent et qu'il n'existe aucune école de cinéma en Côte d'Ivoire.

Le genre théâtral est dominé par de nombreux humoristes dont les plus populaires sont Michel Gohou, Digbeu Cravate, Marie Louise Asseu et Adama Dahico ; ils se produisent à la fois dans les salles de spectacles, à la télévision et dans des films.

Ces films connaissent souvent des défauts techniques (image ou son), mais leur rythme de production représente, grâce au numérique, un nouveau départ pour le cinéma ivoirien.

Cinéma d'animation

Longtemps cantonné aux courts métrages, le cinéma d'animation ivoirien accède au long métrage en juillet 2013 avec la sortie de Pokou, princesse ashanti, réalisé par Abel Kouamé.

En avril 2015, plusieurs studios s'associent pour former l'Association ivoirienne du cinéma d'animation (Aifa) afin de promouvoir le cinéma d'animation dans le pays.

Relations diplomatiques

En Afrique, la diplomatie ivoirienne a privilégié l'option d'une coopération par paliers.

Elle forme, en 1959, le Conseil de l'Entente avec le Dahomey (Bénin), la Haute-Volta (Burkina Faso) le Niger et le Togo ; en 1965, l'Organisation commune africaine et malgache (OCAM) ; en 1972, la Communauté économique de l'Afrique de l'Ouest (CEAO) ; et en 1975 la Communauté économique des États de l'Afrique de l'Ouest (CEDEAO). Membre fondateur de l'Organisation de l'unité africaine (OUA) en 1963, puis de l'Union africaine en 2000, la Côte d'Ivoire y défend le respect de la souveraineté des États ainsi que le renforcement de la coopération et de la paix entre les pays africains.

Dans le monde, la diplomatie ivoirienne milite pour des relations économiques et commerciales équitables, notamment la juste rémunération des productions agricoles et la promotion de relations pacifiques avec tous les pays.

La Côte d'Ivoire entretient de ce fait des relations diplomatiques avec de nombreux pays d'Afrique et du monde.

Elle a notamment signé la Convention relative au statut des réfugiés, son protocole de 1967, et la Convention de 1969 gouvernant les aspects spécifiques des problèmes du réfugié en Afrique.

Ses représentations diplomatiques à l'étranger sont installées sur tous les continents et ce pays, membre de l'ONU, entretient des rapports plus ou moins étroits avec plusieurs organisations internationales.

433

434

www.ingramcontent.com/pod-product-compliance
Lightning Source LLC
Chambersburg PA
CBHW050326230426
43663CB00010B/1759